前言

在职场和生活中，我们总免不了要遇到需要发言的情况。有些人可能会觉得，对于新手而言，紧张情绪是无法避免的。然而，这种观点并不完全正确。实际上，无论经验多少，人在当众发言时，都会或多或少地感到紧张。这种紧张感并不是什么坏事，可以通过一些策略来应对和克服。

很多人一到了需要当众发言的场合就茫然无措，不知要说什么，甚至在慌乱之中说错了话，把事情搞砸了。在目前的职场与生活中，这样的情况并不少见。

我想，本书的出版或许可以帮助到这些人，甚至哪怕你已经是一位经验老到的人，已经是一名发言高手了，也依然能够从中获得些许启发。

本书主要围绕六大常用的发言场合，结合当下很多人都会遇到的问题做出了经验性的归纳与总结。

第一章着重介绍发言前的准备工作，包括明确目的、了解听众、准备发言稿、准备一个吸引人的开场白等。

第二章讨论了在公司会议中发言的技巧，包括如何准备突发发言、使用会议发言的万能公式、避免成为会议中的"小透明"等。

第三章探讨了商务会议中的发言技巧，包括会前准备、发言的礼仪、如何在会议中有效互动，以及会后跟进的重要性。本章提供了实用的技巧和讲话稿示例，帮助读者在商务会议中提升发言的创造力和效力。

第四章聚焦于社交活动中的自我介绍、与陌生人交谈的万能话题、如何让对话源源不断，以及在社交活动中更好地展示自己，提出了在社交场合中控制情绪、友善发言的重要性，并提供了相应的技巧和讲话稿示例。

第五章针对大部分需要提升说服力的场合，通过学习一点辩论赛技巧、避免喋喋不休、遵循少即是多原则等，来让自己的发言更有力。

第六章讨论了在职场中与不同的人交谈的技巧，应对不同的人，比如上级、平级、下级、客户和甲方，其中的侧重点都有所不同。

第七章介绍酒桌上的发言艺术，包括如何在宴会上说好场面话、找到投机话题，在求人办事时如何把场面做足，以及避免在餐桌上一直抱怨。

简而言之，《21天成为发言高手》是一本综合性的沟通指南，涵盖了从心理准备到实际发言技巧的各个方面。本书不仅提供了丰富的理论知识，还给出了大量的实用技巧和示例，帮助读者在需要发言的任何场合都能够游刃有余。无论是职场新人还是经验丰富的专业人士，都能从本书中获得宝贵的启示和帮助。

通过阅读本书，读者将学会如何更好地准备发言，如何组织有逻辑、有说服力的语言，如何与听众建立联系，以及如何在压力下保持冷静。书中的技巧和策略都是经过实践检验的，可以帮助读者在各种社交场合中提升自己的沟通能力，从而在职场和生活中取得更好的成绩。

我们希望本书能够成为读者在社交场合中的得力助手。通过阅读本书，读者不仅能够提升自己的沟通技巧，更能在各种社交场合中展现出独特的个人魅力。

祝各位读者阅读愉快！

21天成为发言高手

张 晨 编著

山东科学技术出版社

·济南·

图书在版编目（CIP）数据

21天成为发言高手 / 张晨编著. -- 济南：山东科学技术出版社，2024.11. -- ISBN 978-7-5723-2403-1

Ⅰ．H0

中国国家版本馆CIP数据核字第2024TP2534号

21天成为发言高手
21TIAN CHENGWEI FAYAN GAOSHOU

责任编辑：孙雅臻　庞晓峰
装帧设计：臻　晨

主管单位：山东出版传媒股份有限公司
出 版 者：山东科学技术出版社
　　　　　地址：济南市市中区舜耕路517号
　　　　　邮编：250003　电话：（0531）82098088
　　　　　网址：www.lkj.com.cn
　　　　　电子邮件：sdkj@sdcbcm.com
发 行 者：山东科学技术出版社
　　　　　地址：济南市市中区舜耕路517号
　　　　　邮编：250003　电话：（0531）82098067
印 刷 者：山东博雅彩印有限公司
　　　　　地址：山东省滨州市阳信县经济开发区
　　　　　邮编：251800　电话：18563013999

规格：16开（170mm×240mm）
印张：10　字张：120千
版次：2025年1月第1版　印次：2025年1月第1次印刷
定价：59.80元

目录

CHAPTER1　发言前的准备

明确你的目的 / 1

了解你的听众 / 5

提前准备发言稿 / 9

准备一个吸引人的开场白 / 14

CHAPTER2　公司开会

突然被叫到发言怎么办 / 20

会议发言有万能公式吗 / 25

四维讲话的艺术 / 29

如何在会议中不充当那个"小透明" / 34

汇报工作，如何发言能让领导眼前一亮 / 38

CHAPTER3　商务会议

会前的准备有哪些 / 43

发言礼仪知多少 / 47

如何在会议中有效互动 / 52

别忘了会后跟进 / 57

如何在发言中提升创造力与效力 / 61

CHAPTER4　社交活动

如何做好自我介绍 / 66

与陌生人交谈的万能话题 / 71

如何让你们的对话源源不断 / 75

微信（群）聊天你需要知道的事 / 80

如何向别人更好地展示自己 / 84

| 目 录 |

CHAPTER5　增强你的说服力

你要懂一点儿辩论赛技巧 / 90

千万不要喋喋不休 / 95

少即是多 / 99

如何让自己的言语更加犀利 / 104

说服更需要倾听 / 108

CHAPTER6　有效职场沟通

让上级重视你 / 113

让平级同事尊重你 / 117

让下级跟随你 / 122

让客户喜欢你 / 127

CHAPTER7　酒桌上的发言

说好场面话，宴会不冷场 / 132

话题投机，才能一拍即合 / 138

求人办事，场面要做足 / 142

注意言谈，不要爆粗口 / 147

CHAPTER 1 发言前的准备

明确你的目的

目的犹如精密的指南针，它不仅为演讲者的语言之舟指引方向，还确保其能够顺利驶向成功的彼岸。一个技艺高超的讲话者，无论身处何种场合，都能够清晰地明确自己的讲话目的，让每一句话都充满力量和明确的指向性。

1. 讲话目的的重要性

想象一下，你参加了一个盛大的宴会。在这个宴会上，一位嘉宾自信满满地走上讲台，开始了他的发言。他滔滔不绝地讲了足足十分钟，从他的个人成长经历讲到了他对美食的热爱，再从对美食的热爱谈到了对当前经济形势的分析。然而，当你听完这段看似丰富多彩的发言后，你却发现，自己完全不记得他到底想表达什么。

这就是一个典型的例子，展示了缺乏明确目的的讲话是多么无效和混乱。没有清晰的讲话目的,就如同一艘没有航向的船,最终只会在茫茫大海中迷失。而一个明确的讲话目的,则能够确保你的发言紧凑、有力、有的放矢,让你的话语像箭一样直击听众的心弦。

2. 讲话目的的常见误区

反面案例

漫无目的的发言:"今天,我想谈谈我的生活、工作,还有……"(听众内心:你想表达什么?)

目的过于宏大:"我今天的目的是解决世界和平问题。"(听众内心:这可能需要一个联合国大会来讨论。)

目的模糊不清:"我只是想分享一些想法,希望能引起大家的思考。"(听众内心:想法太多,思考太少。)

正面案例

目的明确且具体:"我的目标是让大家了解我们新产品的特性。"

目的具有针对性:"今天,我要讲的是如何提升团队的工作效率。"

目的激发行动:"我的目标是鼓励大家参与我们的环保活动。"

3. 如何明确讲话目的

步骤一：自我提问

我的听众是谁？

我希望通过讲话达到什么效果？

步骤二：确定关键信息

我的核心信息是什么？

步骤三：设定具体目标

我希望听众采取什么行动？

步骤四：保持简洁

我的讲话是否简洁明了？

步骤五：加入情感元素

我的讲话能否触动听众的情感？

步骤六：练习，练习，再练习

不断练习，直到我能够清晰地传达我的目的。

4. 实用技巧

技巧一：设定具体目标

比如："今天我要让大家了解我们产品的五大优势。"

技巧二：使用故事讲述

故事能够增强讲话的目的性。

技巧三：提出问题

问题能够引导听众思考，引导他们朝着你设定的目标前进。

技巧四：听众赋能

比如："在座的每一位都是我们成功的关键。"

技巧五：利用视觉辅助工具

视觉工具可以帮助听众更好地理解你的讲话目的。

5. 万能公式与讲话稿

> 打招呼："大家好！"
>
> 明确目的："我今天的目的是……"
>
> 关键信息："我想让大家了解……"
>
> 呼吁行动："让我们一起……"
>
> 结束语："感谢大家，希望我的讲话能够……"

讲话稿示例

大家好！（或你好！）

我今天的目的是让大家了解我们即将上市的新产品。我想让大家了解它如何提高我们的生活质量。让我们一起期待它的上市，并考虑如何将它应用到我们的日常生活中。

感谢大家的聆听，希望我的讲话能够激发你们的兴趣。

总结

记住，无论是在会议室、讲台还是宴会厅，明确你的讲话目的，让你的每一句话都充满力量。这样，你就能像一个高手一样发言，无论什么场合，都能让听众记住你的话语，甚至采取行动。

| CHAPTER1　发言前的准备 |

了解你的听众

了解听众，就像是一位美食家在品尝一道佳肴之前，要先了解其食材的来源和特性。只有清楚了这些食材的特点，才能更好地掌握烹饪的火候和技巧，最终呈现出一道令人垂涎欲滴的美味佳肴。

同样的道理，一个真正会发言的高手，总是将了解听众的需求放在首位。他们会仔细研究听众的背景、兴趣和关注点，就像一位资深厨师会根据不同食客的口味偏好来调整菜品的配方。通过这样的方式，发言者能够确保自己的言辞精准地触及听众的心灵深处，从而引发共鸣，达到沟通的最佳效果。

1. 了解听众的重要性

想象一下，你站在一个充满未来感的科技大会舞台上，台下的观众是一群对最新科技趋势和创新充满热情的专业人士。你激情澎湃地讲述着达·芬奇的画作和米开朗琪罗的雕塑，这些文艺复兴时期的艺术作品在你的口中被赋予了新的生命。然而，随着演讲的进行，你会注意到一些微妙的变化。开始有听众打哈欠，有人悄悄地拿出手机，甚至有些人开始交头接耳。这一幕让你心生疑惑：难道是我的演讲不够精彩吗？

事实上，这并非因为你的演讲内容缺乏吸引力，问题可能在于你没有完全抓住听众的兴趣点。在这个科技盛会上，虽然美轮美奂的艺术作品本身极具魅力，但它们与听众迫切关心的最新科技动态似乎相隔甚远。了解你的听众意味着知道他们的需求、兴趣和知识背景。只有当你清楚这些，你才能够调整你的演讲内容和风格，使之更加贴近听众的实际需求。

在这种情况下，你可以试着将文艺复兴艺术与现代科技联系起来。例如，你可以谈论达·芬奇不仅是一位伟大的艺术家，更是一位杰出的科学家和发明家。他的许多设计在当时是超前的，甚至具有未来科技的感觉。你还可以探讨米开朗琪罗的雕塑如何在今天的3D建模和打印技术中找到了新的应用。通过这样的联系，你不仅让听众看到艺术与科技的共通之处，还能引发他们对这些展开跨越时代、学科的思考和讨论。

此外，考虑到听众的背景，你可以简化或深入讲解某些技术细节。比如，对于不太熟悉艺术史的听众，你可以用生动的故事和比喻来解释复杂的艺术理论；而对于艺术爱好者，则可以更多地探讨技艺背后的科学原理和工程细节。这样，不同层次的听众都能从你的演讲中获得新的知识和启发。

2. 了解听众的常见误区

反面案例

无视听众背景："今天我们将深入探讨量子物理学的最新进展……"（听众内心：请问这是给物理学家还是给我们普通人的演讲？）

过于专业或过于浅显："这个代码的 GitHub 提交可以通过 Git 命令……"（听众内心：你能不能说人话？）

自说自话:"我在这个领域已经工作了20年,让我来告诉你……"(听众内心:我们真的在乎你的个人经历吗?)

正面案例

考虑听众需求:"我知道大家都很忙,所以我会直接进入如何提高工作效率的主题。"

调整内容难度:"我们将用简单的语言来解释这个复杂的科学现象。"

互动式演讲:"在座的各位可能已经注意到了……那么,你们是如何处理这种情况的呢?"

3.如何了解你的听众

步骤一:事前调研

了解听众的背景、兴趣和需求。

步骤二:确定共同点

找到你和听众之间的共同兴趣点。

步骤三:调整内容

根据听众的特点调整你的演讲内容。

步骤四:使用合适的语言

使用听众容易理解的语言。

步骤五:设计互动环节

让听众参与进来,增加他们的参与感。

步骤六：练习，练习，再练习

不断练习，直到你能够自然地与听众沟通。

4. 实用技巧

技巧一：讲故事

故事能够跨越文化和背景的界限，触动人心。

技巧二：使用幽默

幽默是与听众建立联系的桥梁，但要确保它与内容相关。

技巧三：明确呼吁

明确的呼吁能够让听众知道他们需要做什么。

技巧四：使用视觉辅助工具

图片、图表和视频可以帮助听众更好地理解你的观点。

技巧五：观察听众反应

根据听众的现场反应调整你的演讲。

5. 万能公式与讲话稿

> 打招呼："大家好！"
>
> 展示了解："我知道你们对……很感兴趣。"
>
> 共同点："这正是我今天想和大家分享的。"
>
> 互动环节："你们觉得呢？"
>
> 结束语："希望我的分享对你们有所启发。"

| CHAPTER1　发言前的准备 |

讲话稿示例

大家好！

我知道你们对如何提升销售业绩很感兴趣。这正是我今天想和大家分享的——一些实用的销售策略。你们觉得目前最大的挑战是什么？……希望我的分享对你们有所启发，让我们一起探讨更多可能。

总结 记住，无论你的讲话技巧多么高超，如果不了解听众，你的讲话就可能成为一场独角戏。成为一个会发言的高手，意味着你能够根据不同的听众调整你的演讲，确保你的每一句话都能引起共鸣。

提前准备发言稿

想象一下，你即将在一个重要的商务会议上发言，或者在朋友的婚礼上致祝酒词。这样的场合，你是会选择临场发挥，还是精心准备一番？像高手一样的发言者总是会选择后者。他们知道，提前准备发言稿或讲话内容，并列出详细的大纲，能够让自己的讲话更有针对性，同时还能预见并预演听者可能会问的问题。

提前准备发言稿或讲话内容的重要性不言而喻。古语有云："凡事预则立，不预则废。"这句话用在发言和演讲中同样适用。通过精心准备发言稿，你可以确保自己要表达的观点得到清晰、准确的传达，避免因为紧张或临场发挥不当而导致的失误。一篇优秀的发言稿不仅包括详细的文字内容，还应当包含明确的结构和逻辑顺序，使得听众能够轻松跟随你的思路，理解你的立场和观点。

列出大纲的重要性同样不可忽视。大纲是发言内容的骨架，它帮助你将零散的思绪系统化，形成一条清晰的主线。通过列出大纲，你可以更好地组织材料，确保每个要点都能得到充分展开和论述，避免遗漏重要信息。此外，大纲还能帮助你控制发言的时间，确保你在规定的时间内完成所有内容的讲解。

预见并预演听者可能的提问的能力也是高手必备的技能之一。在准备发言稿时，设身处地为听众着想，预测他们可能会提出的问题，并提前准备好回答。这不仅能增强你的自信心，还能让你在面对实际提问时游刃有余，展现出你的专业素养和应变能力。通过模拟演练，你可以不断优化自己的发言内容，提高表达的效果。

1. 提前准备的重要性

在各种职业场合中，演讲和发言是不可避免的重要环节。无论是在公司会议和学术研讨会上，还是在公共活动中，清晰、有力且引人入胜的演讲往往能够赢得听众的认可与赞赏。然而，并非所有的演讲者都能做到这一点。想象一下，你正在聆听一场演讲，而演讲者站在台上支支吾吾，不停地说"嗯""啊"，或者反复讲述同样的观点。这样的情景不仅会让听众感到困惑和厌烦，还会大大削弱演讲的效果。出现这种情况的一个常见原因，就是演讲者没有提前准备。

提前准备对于任何一次成功的演讲来说都是至关重要的。它不仅仅

| CHAPTER1　发言前的准备 |

是把一些零散的想法和信息整理成文稿，更是对你的观点进行梳理和完善的过程。通过提前准备，你的发言内容会更加清晰、连贯，从而更具说服力。清晰的思路可以帮助听众更好地理解你的观点，而连贯的表达则能让他们更容易跟随你的逻辑。

提前准备还可以帮助你更好地了解听众的需求和兴趣点。不同的听众群体有不同的关注点和期待，如果你能在准备阶段就充分考虑到这些因素，那么你的演讲内容就能更有针对性地满足他们的需求。这不仅能够提高听众的参与度和兴趣，还能增强你们之间的互动。

此外，提前准备还能有效减少你的紧张感，提高自信心。当你对演讲内容了如指掌时，自然就不会因为临场发挥而感到紧张。自信的表现不仅限于流利的讲述，还包括在面对突发状况时依然能够从容应对。这种自信会传递给听众，增加他们的好感和信任度。

提前准备并不意味着死记硬背讲稿。相反，适当的灵活性仍然很重要。熟记整体框架和核心观点，但在表达方式上可以根据实际情况做出适当调整。这样不仅可以让你的演讲更加自然生动，还能根据现场反馈及时调整策略，达到更好的效果。

2. 提前准备的常见误区

反面案例

临场发挥："好吧，关于这个主题，我想到了什么就说什么。"（听众内心：请给我们一个重点！）

过度依赖PPT："这是第一张幻灯片，这是第二张，这是第三张……"（听众内心：你是在念经吗？）

内容杂乱无章:"首先,我想说这个。然后,我想谈谈那个。最后,我想提到……"(听众内心:你到底想说什么?)

正面案例

有条理的演讲:"今天,我将从三个方面来讲述这个话题。"

互动式演讲:"我先简要介绍背景,然后会提出问题,最后我们一起探讨解决方案。"

故事驱动:"让我从一个真实的故事开始,带你们进入今天的主题。"

3. 如何提前准备你的发言

步骤一:明确目标

确定你演讲的目的和目标。

步骤二:了解听众

了解听众的背景、兴趣和期望。

步骤三:制订大纲

制订一个清晰的发言大纲,包括引言、主体和结论。

步骤四:撰写发言稿

根据大纲撰写发言稿。

步骤五:预见问题

思考听众可能会提出的问题,并准备答案。

步骤六:预演练习

多次练习你的发言,可以在家人或朋友面前预演。

4. 实用技巧

技巧一：使用故事

故事能够帮助听众更好地理解和记住你的信息。

技巧二：明确三个重点

确定三个主要点，让演讲内容更加集中。

技巧三：使用视觉辅助工具

幻灯片、图片或视频可以帮助听众更好地理解你的信息。

技巧四：注意语言风格

使用简洁、明了的语言。

技巧五：练习，练习，再练习

不断练习，直到你能够流畅地进行发言。

5. 万能公式与讲话稿

> 引言："大家好，今天我想和大家分享……"
>
> 主题介绍："我将从三个方面来讲述……"
>
> 主体内容："首先，第一个重点是……"
>
> 预见问题："你们可能会问……"
>
> 结论："总结来说，……"
>
> 呼吁行动："让我们一起……"
>
> 结束语："感谢大家的聆听。"

讲话稿示例

大家好，今天我想和大家分享如何高效管理时间。

我将从三个方面来讲述：明确目标、优先排序和避免干扰。首先，第一个重点是明确目标。设定清晰的目标是时间管理的第一步。你们可能会问："我如何设定有效的目标？"我的建议是……总结来说，通过明确目标、优先排序和避免干扰，我们可以更好地管理时间。让我们一起把这些技巧应用到日常生活中，提高我们的工作效率。

感谢大家的聆听。

> **总结**
>
> 记住，像高手一样发言，意味着你要提前准备，列好大纲，让自己的讲话更有针对性。同时，预见并预演听众可能会问的问题，可以让你在发言时更加从容不迫。

准备一个吸引人的开场白

想象一下，你正坐在一个拥挤的会议室里。耳边回响着空调的单调嗡嗡声和远处咖啡机不时发出的咕嘟声。空气中弥漫着一股淡淡的咖啡香味，与汗味交织在一起，形成一种独特的办公室气息。大家的目光都集中在讲台上，期待着发言者的表现。突然，演讲者走上了讲台，清了清嗓子，开始了他的发言："尊敬的各位领导，各位同事，大家下午

CHAPTER1　发言前的准备

好。今天，我将为大家讲述……"

听到这里，你的眼睛可能已经开始在会议室里寻找那个隐形的"退出"按钮了。毕竟，这样平淡无奇的开场白实在无法激发听众的兴趣和注意力。那么，如何才能打造一个引人入胜的开场白呢？一个好的开场白应该像一杯浓缩咖啡，强劲有力，瞬间唤醒听众的注意力。它应该能够激起听众的好奇心，让他们渴望了解更多。

首先，一个有力的开场白需要与听众建立情感连接。与其泛泛地说"大家好"，不如针对当前的热点话题或共同经历，表达对大家的理解和关心。你可以说："在这个快速变化的时代，每个人都在努力跟上步伐。我理解大家在工作和生活中面临的挑战，也感谢大家今天能抽出时间来参与这个会议。"

其次，用一个引人入胜的故事或者问题来开头，可以迅速抓住听众的注意力。比如，你可以讲述一个与主题相关的小故事："让我先给大家讲一个小故事。上个月，我们的一位客户遇到了一个巨大的挑战，但在我们团队的共同努力下，他们的问题得到了完美的解决。想知道我们是如何做到的吗？"通过这样的开头，听众自然会被吸引住，想要继续听下去。

此外，使用数据和事实也是一个不错的选择。准确的数据和权威的事实能够让你的发言更具说服力。例如："根据最新的市场调研数据显示，我们的产品在市场上的占有率已经达到了35%，这是一个值得庆祝的成就。但是，我们不能止步于此，接下来我们需要更加努力。"

最后，幽默感也是提升开场白效果的一大利器。适当的幽默不仅能缓解紧张的气氛，还能拉近与听众的距离。比如，你可以这样说："在我讲话之前，我想先感谢办公室的咖啡机，因为没有它，我们可能早就睡着了。"这样的幽默能够引发听众的笑声，让他们更容易接受接下来的内容。

1. 开场白的重要性

开场白就像是一道精致的前菜，它的任务是唤醒听众的味蕾，让他们对接下来的主菜（即讲话内容的主体）充满期待。一个引人入胜的开场白能够迅速抓住听众的注意力，为整个演讲奠定一个积极的基调。

2. 开场白的常见错误

反面案例

　　枯燥的问候："尊敬的各位领导，各位来宾，大家上午好。"（听众内心：能不能来点新鲜的？）

　　冗长的背景介绍："在遥远的1992年，一个阳光明媚的早晨，我们的公司成立了……"（听众内心：快进到重点！）

　　不相关的笑话："你们知道吗？我昨天遇到了一只会说话的猴子……"（听众内心：这和今天的主题有什么关系？）

正面案例

　　激发好奇心："想象一下，如果我们能够回到过去，改变一个决定，我们的生活会有多大的不同？"

　　使用强有力的统计数据："目前，全球有数十亿用户在使用社交媒体。这背后隐藏着一个巨大的趋势。"

> 提出一个引人深思的问题:"我们每天都在用手机,但你是否想过,手机让我们更近了,还是更远了?"

3. 如何准备一个吸引人的开场白

步骤一:明确你的目标听众

了解他们的年龄、兴趣、文化背景和专业知识水平。

步骤二:确定演讲的核心信息

你的演讲要传达的最重要的信息是什么?

步骤三:使用"钩子"技巧

"钩子"可以是一个惊人的事实、一个引人入胜的故事、一个有趣的统计数据或者一个令人好奇的问题。

步骤四:保持简洁

你的开场白应该简洁有力,避免冗长和复杂。

步骤五:加入个人元素

讲述一个小故事,或者分享一段个人经历,让听众感受到你的真实和热情。

步骤六:练习,练习,再练习

不断练习,直到你能够自然流畅地说出你的开场白。

4. 开场白的实用技巧

技巧一:使用故事

故事能够激发情感,让听众产生共鸣。

技巧二:提出问题

问题能够直接与听众互动,让他们参与到演讲中来。

技巧三：使用幽默

幽默是抓住听众注意力的好方法，但要确保它与主题相关。

技巧四：引用名言

名言可以为你的演讲增加权威性。

技巧五：利用视觉辅助工具

一张图片、一段视频或者一份演示文稿可以在第一时间吸引听众的注意力。

5. 万能公式与讲话稿

打招呼："大家好！"

钩子："你们知道吗？……"

自我介绍："我是……"

演讲主题："今天我要和大家分享的是……"

预览："我们将探讨……"

过渡："那么，让我们开始吧！"

讲话稿示例

大家好！

你们知道吗？据最新研究，人类的注意力平均只有8秒，注意力已经成为一种稀缺资源。我是今天的演讲者，×××。今天我要和大家分享的是如何在这个信息爆炸的时代，抓住听众的注意力。我们将探讨几个关键策略，帮助你提升演讲和沟通的效果。那么，让我们开始吧！

| CHAPTER1　发言前的准备 |

> **总结**
>
> 记住,一个好的开场白是你的演讲成功的一半。它能够为你赢得听众的注意力和好感,让他们期待接下来的内容。所以,花点时间准备一个精彩的开场白,让你的演讲从一开始就引人入胜。

CHAPTER 2 公司开会

突然被叫到发言怎么办

在公司会议中,当领导突然让你发言时,你是否会感到紧张和不安?别担心,即使是突发情况下的发言,你也可以像高手一样应对自如。

你需要保持冷静。深吸一口气,让自己的心情平复下来。紧张情绪往往会使人心慌意乱,从而影响表达的效果。告诉自己这是一个展示自己能力的机会,而不是一场考验。接下来,你可以先简要复述一下之前发言人的要点,以示你对讨论内容的关注和理解。这样不仅能够为你争取到宝贵的思考时间,还能表明你是一个认真倾听的人。

在这个时间段内,快速组织你的思绪,找到你想要表达的核心观点。不必面面俱到,选择一个你认为最重要、最有价值的点进行阐述。如果你能结合自身的经验或实际案例来说明问题,效果会更好。这不仅能增加你发言的说服力,也能让听众更容易理解和记住你的观点。

| CHAPTER2　公司开会 |

你还可以使用一些常见的修辞手法，如对比、排比等，来增强你的语言表现力。例如，通过对比不同方案的优缺点，可以更直观地突出你所支持的观点。此外，适当地使用幽默语言也有助于缓解紧张气氛，拉近与听众的距离，使你的发言更具亲和力。

要注意控制发言的时间，不要过长也不要过短。一般来说，三到五分钟是比较合适的时长，既能充分表达你的观点，又不会显得冗长拖沓。发言结束后，可以简短地总结一下你的要点，并对在场的人表示感谢。这样既能强化大家对你发言内容的记忆，又能体现出你的礼貌和谦逊。

1. 突发发言的挑战

想象一下，你正坐在会议室里，空调的冷气让你不由自主地打了一个寒战。窗外阳光明媚，但室内的气氛却显得格外沉闷。会议已经进行了一个多小时，你的同事们一个接一个地展示着他们的报告。你的注意力开始逐渐涣散，眼皮也越来越沉重，终于，你无法抗拒困意，慢慢地打了一个小瞌睡。

突然，一阵低沉的声音打破了会议室的宁静，那是领导的声音。他的目光如同探照灯一般扫过整个房间，最终停在了你身上。"小王，你对这个问题有什么看法？"领导问道，语气中带着一丝期待和考验。

你的心脏仿佛在那一刻停止了跳动，紧接着又狂跳不止。大脑瞬间一片空白，仿佛所有的思绪都被抽离了身体。你试图集中注意力，回忆起刚才同事报告中的内容，但那些信息就像沙子般从指缝中溜走，怎么也抓不住。

你深吸一口气，努力让自己冷静下来。你知道，这个时候任何慌乱的表现都会被领导看在眼里。于是，你迅速整理了一下思绪，尝试着从记忆中搜寻与问题相关的信息。虽然这些信息可能并不完整，但至少可以作为你发言的基础。

"嗯，关于这个问题，我觉得……"你开始缓缓地说出自己的想法。虽然开头有些磕磕绊绊，但随着话题的深入，你逐渐找到了感觉。你结合自己的经验和一些基本的理论，尝试着给出一个合理的答案。

领导听完后，点了点头，似乎对你的回答还算满意。他继续转向下一个问题，而你也松了一口气，暗自庆幸自己没有在众人面前出丑。

2. 突发发言的常见误区

反面案例

大脑一片空白："嗯……嗯……我……我认为……"（听众内心：拜托，快进吧！）

言不由衷："我对公司的未来非常乐观，我们一定能做到行业第一！"（听众内心：你真的明白我们在讨论什么吗？）

长篇大论："关于这个问题，我想从三个方面来分析：第一，……；第二，……；第三……"（听众内心：能不能说重点？）

正面案例

简洁明了："我认为当前计划的关键在于执行力度，我们需要确保团队的每个成员都明确自己的任务。"

CHAPTER2　公司开会

> 提出观点："我同意小张的看法，但我想补充的是，我们还需要考虑竞争对手的动向。"
>
> 提出问题："我有个问题，我们如何确保这个项目在预算内完成？"

3. 如何准备应对突发发言

步骤一：保持警觉

即使你不是会议的主要参与者，也要保持警觉，关注讨论的内容。

步骤二：快速整理思路

当被叫到时，快速整理你的思绪，确定你要表达的主要内容。

步骤三：简洁表达

用简洁的语言来表达你的观点。

步骤四：提出问题

如果你对话题不够了解，提出问题可以为你赢得思考的时间。

步骤五：倾听他人

利用别人发言的时间来整理自己的思路。

步骤六：练习，练习，再练习

通过模拟练习来提高你的即兴发言能力。

4. 实用技巧

技巧一：深呼吸

在发言前做几次深呼吸，可以帮助你放松并集中注意力。

技巧二：倾听

认真倾听他人的发言，这样你可以基于他们的观点来构建自己的想法。

技巧三：结构化思维

使用结构化的思维方法，如"问题—原因—解决方案"来组织你的想法。

技巧四：使用"我认为"

开场使用"我认为"可以为你的观点增加权威性。

技巧五：总结他人观点

在发言时，总结他人的观点，并提出自己的看法或问题。

5. 万能公式与讲话稿

> 打招呼："大家好。"
>
> 肯定他人："刚才小张的发言非常精彩。"
>
> 提出观点："我同意……，但我想补充的是……"
>
> 提出问题："关于这一点，我有个问题……"
>
> 呼吁行动："我们是不是可以……"
>
> 结束语："总之，我认为……"

讲话稿示例

大家好。

刚才小张的发言非常精彩，他对市场趋势的分析很到位。我同意他的看法，但我想补充的是，我们还需要关注新兴市场的潜力。关于这一点，我有个问题，我们如何确保在新兴市场的策略得到有效执行？总之，我认为我们

CHAPTER2　公司开会

应该在保持现有市场份额的同时，积极拓展新兴市场。我们是不是可以成立一个专项小组来负责这件事？

> **总结**　记住，即使是突发情况下的发言，你也可以通过保持警觉、快速整理思路和简洁表达来像高手一样应对。这样，无论是在公司会议还是其他任何场合，你都能够自信地发言。

会议发言有万能公式吗

在职场中，会议是必不可少的一环。无论是头脑风暴、项目更新还是决策讨论，发言都是展现你专业素养和领导力的重要时刻。那么，有没有什么万能公式能够帮助我们在会议中像高手一样发言呢？

答案是肯定的。借助一个简单的公式——观点+原因+案例+结论，可以让你的发言逻辑清晰、条理分明，从而提升在同事和上司心目中的专业形象。

首先，明确你的观点是整个发言的核心。你需要用一句话清晰地表达你的主要观点，确保听众能够迅速抓住你的重点。例如，在讨论项目进度时，你可以开门见山地说："我认为我们需要加快项目进程，以确保如期交付。"

接下来，提供支持你观点的原因。原因是对你观点的进一步解释，帮助听众理解你为什么会这么想。这部分内容应简洁扼要，避免冗长。例如："因为客户已经多次催促，并且我们的进度已经滞后于原计划。"

紧接着，通过具体的案例来增强你的观点的说服力。案例可以是你亲身经历的项目、其他团队的成功经验，或者是相关的数据和事实。比如："在上一个项目中，我们通过加班和优化流程，最终提前两天完成了任务，客户非常满意。"

最后，总结你的观点并给出明确的结论或建议。这一步非常重要，因为它不仅总结了前面的所有信息，还提供了明确的行动方向。例如："所以，我建议我们可以重新评估项目进度，增加必要的资源，以确保项目能够按时完成。"

1. 会议发言的重要性

想象一下，你参加了一个重要会议，领导突然点名让你发言。你心跳加速，手心出汗，脑海中一片空白。这时，如果你掌握了会议发言的万能公式，就能像高手一样，镇定自若地展现你的观点。

2. 会议发言的常见误区

反面案例

毫无准备："嗯……这个……我认为……"（听众内心：你到底想说什么？）

长篇大论："关于这个问题，我想从历史、经济、文化等多个角度来分析……"（听众内心：这是开会，不是写论文！）

离题万里:"我上次去度假的时候,遇到了一个类似的情况……"(听众内心:这和会议主题有什么关系?)

正面案例

简洁明了:"我认为当前计划的关键在于执行力度,我们需要确保团队的每个成员都明确自己的任务。"

有的放矢:"我注意到我们在预算控制上存在问题,我建议增加一个财务审核环节。"

互动提问:"我同意小张的看法,但我好奇的是,我们如何确保这个项目在预算内完成?"

3. 会议发言的万能公式

步骤一:准备阶段

了解会议议程:提前了解会议的主要内容和议程,这样你可以针对性地准备你的发言。

思考可能的问题:预测会议中可能讨论的问题,并思考你的观点和建议。

步骤二:发言阶段

开场白:简短介绍自己,吸引听众的注意力。

观点陈述:清晰、简洁地表达你的观点。

论据支持:提供数据、事实或案例来支持你的观点。

互动提问:提出问题,邀请听众参与讨论。

总结呼吁:总结你的观点,并提出建议或呼吁行动。

步骤三：练习阶段

模拟练习：在会议前进行模拟练习，提高你的发言技巧。

4. 实用技巧

技巧一：提前准备

无论会议是否提前通知，提前准备总是有益的。

技巧二：结构清晰

让你的发言结构清晰，容易让听众跟随。

技巧三：注意时间

注意发言的时间，避免过长或过短。

技巧四：使用视觉辅助工具

如果可能，使用幻灯片或其他视觉辅助工具来增强你的发言。

技巧五：注意语言风格

使用积极、自信的语言。

5. 万能公式与讲话稿

> 打招呼："大家好，我是×××。"
>
> 观点陈述："关于今天讨论的项目，我认为……"
>
> 论据支持："根据我最近的研究，我发现……"
>
> 互动提问："大家对于这个解决方案有什么想法？"
>
> 总结呼吁："总之，我建议我们可以尝试这个方法，并在下次会议中讨论结果。"

CHAPTER2　公司开会

讲话稿示例

大家好,我是×××。

关于今天讨论的项目,我认为关键在于提高团队的协作效率。根据我最近的研究,我发现使用敏捷管理方法可以显著提升团队的响应速度和执行力。大家对于这个解决方案有什么想法?我们可以一起探讨可能的挑战和解决方案。总之,我建议我们可以尝试这个方法,并在下次会议中讨论结果。谢谢大家。

> **总结**
>
> 记住,会议发言的万能公式可以帮助你在任何会议中都能像高手一样发言。通过提前准备、结构清晰的发言和有效的互动,你可以提高你的发言质量,赢得同事和领导的尊重。

四维讲话的艺术

在公司开会时发言,就像是在玩一场多维的棋局。高手们懂得如何在这场游戏中运筹帷幄,他们运用的是一种被称为"四维讲话艺术"的技巧。这个"四维"包括了内容的深度、广度、温度和速度。

内容的深度指的是你发言时所包含的信息的深刻程度。这不仅仅是对话题的理解,更是对其相关背景、数据和细节的掌握。这深度体现了你的专业性和思考能力，能够展示你对问题的全面理解以及解决方案的可行性。通过深入剖析问题的本质，你的观点会更有说服力，从而引起其他与会者的重视和认同。

接下来是广度，这代表了你发言所涉及的范围和跨领域能力。光有深度不够，广度能帮你举一反三，旁征博引。在讨论一个项目的时候，你可以从市场趋势、技术革新、团队管理等多个角度来分析，展示你的全方位视野。广度不仅能让你的观点更加丰富，还能让不同的听众在你的发言中找到共鸣点，增强整体的接受度。

第三个维度是温度，这是发言时情感和人际互动的元素。温度关乎你如何表达观点，是通过冷冰冰的数据和事实，还是融入一定的热情和感性认知。适当的情感流露能增强你与听众之间的连接，让对方感受到你的真诚和热忱。这种情感共鸣能够有效缓解紧张的会议气氛，使沟通更加顺畅和愉快。

最后是速度，即你发言的节奏和时机把握。会议中，时机往往决定一切。懂得何时该发言，何时该保持沉默，是一种重要的能力。速度快慢的结合能让你在不同的情境下都能游刃有余。及时发言能展示你的敏锐和快速反应能力，而适时的停顿则给予听众思考和消化的时间，使他们更容易接受和理解你的观点。

掌握了这"四维"，你的发言将无往不利。深度让你言之有物，广度让你言之有理，温度让你言之有情，速度让你言之有时。在这样的基础上，你的发言将更具影响力和说服力，使你在公司会议中脱颖而出，成为不可或缺的意见领袖。

CHAPTER2 公司开会

1. 四维讲话艺术的重要性

想象一下,会议进行到一半,领导突然点名让你对项目发表看法。你清了清嗓子,开始从项目的起源讲起,事无巨细地讲了半个小时,却发现听众的眼神已经涣散。这就是没有掌握四维讲话艺术的结果。

2. 四维讲话艺术的常见误区

反面案例

无深度:"我觉得这个项目挺好的,我们可以试试。"(听众内心:好在哪里?)

无广度:"我认为我们应该增加广告预算,这样销量就会提升。"(听众内心:考虑过成本吗?)

无温度:"根据市场分析,我们的客户留存率下降了。"(听众内心:然后呢?我们该怎么办?)

无速度:"嗯,关于这个问题,我想从多个角度来分析。首先,我们可以看看竞争对手的做法,然后是我们的内部管理,接着是市场环境……"(听众内心:能不能说快点?)

正面案例

有深度:"我认为项目的风险在于市场接受度,我们需要先做小规模测试。"

有广度:"我们应该从成本、市场和客户反馈三个方面来考虑这个问题。"

> 有温度:"面对挑战,我相信团队的协作和创新能力是我们最大的优势。"
>
> 有速度:"我建议立即调整策略,重点关注客户反馈,快速迭代产品。"

3. 如何掌握四维讲话艺术

步骤一:明确目的

确定你发言的目标是什么。

步骤二:了解听众

考虑听众的需求和期望。

步骤三:准备内容

准备有深度、广度的内容。

步骤四:加入情感

在发言中加入情感元素,让听众感受到你的热情。

步骤五:控制语速

注意你的语速,确保信息能够快速而清晰地传达。

步骤六:练习,练习,再练习

模拟练习你的发言,直到你能够流畅地掌握四维讲话艺术。

4. 实用技巧

技巧一:使用故事

故事能够增加发言的深度和温度。

技巧二:数据支持

使用数据和事实来增加发言的深度和广度。

技巧三：情感投入

让你的热情和信念感染听众。

技巧四：简洁有力

简洁的语言和有力的论点能够吸引听众的注意力。

技巧五：适当停顿

适当的停顿可以给听众思考的空间，增加发言的力度。

5. 万能公式与讲话稿

> 打招呼："大家好，我对这个议题有一些想法。"
>
> 提出观点："我认为……"
>
> 数据支持："根据数据显示……"
>
> 情感投入："这对我来说不仅仅是一个项目，它还代表了……"
>
> 简洁有力："因此，我建议……"
>
> 呼吁行动："让我们一起……"
>
> 结束语："感谢大家的聆听，我期待我们的讨论。"

讲话稿示例

大家好，我对这个议题有一些想法。

我认为，面对市场竞争，我们需要更深入地了解客户需求。根据数据显示，在客户对我们产品的反馈中，最常提到的是易用性和稳定性。这对我来说不仅仅是一个项目，它还代表了我们对客户承诺的实现。因此，我建议我们将重点放在提升用户体验上,并增加一轮用户测试。让我们一起努力,将产品做得更好。

感谢大家的聆听,我期待我们的讨论。

> **总结** 记住,掌握四维讲话艺术,你就能在公司会议中像高手一样发言。通过确保你的言论有深度、广度、温度和速度,你可以有效地抓住听众的注意力,展现你的专业素养。

如何在会议中不充当那个"小透明"

在公司开会时,总有那么一些人,他们的存在就像是会议室角落里的一盆绿植,默默地吸收着二氧化碳,却很少释放氧气——我们称他们为"小透明"。然而,你肯定不想成为这样的存在。那么,如何在会议中从"小透明"变身为"高手"呢?

你需要提前做好准备。了解会议的主题和议程,对相关讨论的内容进行深入研究,准备好自己的观点和建议。这样在会议中,你才能有的放矢,提出有价值的见解。准备一些相关数据或案例来支持你的观点,这会使你的发言更具说服力。

积极发言是关键。不要害怕表达自己的想法,也不要担心自己的意

CHAPTER2 公司开会

见不完美。任何想法都是值得倾听和讨论的。如果你对某个话题有独到的见解，一定要勇敢地说出来。练习发言技巧，确保语言简洁明了，逻辑清晰。一个好的发言不仅能展示你的能力，还能让同事们对你刮目相看。

倾听他人也是重要的一环。注意聆听别人的发言，从中获取有用的信息和灵感。在适当的时候，对他们的观点表示认同或提出建设性的补充意见。这不仅能显示出你对团队的重视，也能让其他同事更愿意听取你的意见。

互动与反馈不可忽视。在会议中，适时与发言人进行眼神交流，点头示意或者简短回应，表明你在关注他们的发言。如果有不同意见，礼貌地表达出来，并给出充分的理由。这种积极的互动会让大家感受到你的参与度，从而提升你在会议中的存在感。

注重非语言沟通。你的肢体语言、面部表情和仪态都会影响你在会议中的表现。保持挺拔的站姿或坐姿，避免过多的小动作，如摸头发、玩手指等。自信的眼神和放松的面部表情会让你看起来更加专业和可信。

通过这些方法，你可以在会议中逐渐从"小透明"蜕变为一个备受瞩目的"高手"。记住，每一次的会议都是展示自己、提升自我的好机会，把握住这些机会，让你的能力被更多人看到。

1."小透明"的困境

想象一下，会议中，领导提出了一个棘手的问题，大家的目光开始在会议室里游走，寻找那个愿意发言的人。你低下头，假装记笔记，心里默念："别叫我，别叫我……"然而，高手们却正襟危坐，准备发表自己的真知灼见。

2. "小透明"的常见表现

反面案例

沉默是金：会议中一言不发，总是保持沉默。

人云亦云：总是说"我同意小张/小李的观点"。

长篇大论：当终于轮到自己发言时，滔滔不绝，但缺乏重点。

正面案例

精准发言："关于这个方案，我有两个建议……"

提出问题："这个方案很好，但我有一个疑问……"

分享见解："我认为这个问题的关键在于……"

3. 如何成为会议中的高手

步骤一：会前准备

了解会议议程，预测可能讨论的问题。

步骤二：积极参与

不要害怕发言，抓住机会表达自己的观点。

步骤三：明确观点

发言时，确保你的观点清晰、明确。

步骤四：有效支持

用数据和事实来支持你的观点。

步骤五：倾听他人

认真倾听他人的意见，这可以帮助你更好地参与讨论。

步骤六：练习，练习，再练习

在家中或与同事进行模拟练习，提高你的会议发言技巧。

4. 实用技巧

技巧一：提前准备

事先准备一些可能的话题和观点。

技巧二：明确结构

让你的发言有一个清晰的结构。

技巧三：简洁有力

尽量让你的发言简洁有力。

技巧四：使用视觉辅助工具

如果可能，使用图表或幻灯片来辅助你的发言。

技巧五：注意语速和语调

注意你的语速和语调，确保其他人能够听清楚。

5. 万能公式与讲话稿

打招呼："大家好，我对这个议题有一些想法。"

提出观点："我认为……"

数据支持："根据我收集的数据……"

倾听他人："我也想听听大家的看法。"

总结发言："总之，我认为我们可以……"

呼吁行动："我们可以尝试……"

讲话稿示例

大家好，我对这个议题有一些想法。

我认为，针对这个项目，我们需要重点关注用户体验。根据我收集的数据，在用户对我们产品的反馈中，最常提到的是操作的便捷性。我也想听听大家在这方面的看法，是否有其他的数据或想法可以分享。总之，我认为我们可以在下一阶段的开发中，增加用户访谈环节，以便更好地理解用户需求。我们可以尝试邀请一些目标用户来参与产品的测试，并提供反馈。

谢谢大家，我期待我们的讨论。

> **总结**
>
> 记住，成为会议中的高手，意味着你需要从"小透明"的角色中跳出来，积极地参与到讨论中去。通过会前准备、明确观点、有效支持和倾听他人，你可以提高你的会议发言技巧，成为会议中的高手。

汇报工作，如何发言能让领导眼前一亮

在公司会议中汇报工作，是展示你专业能力和工作成果的绝佳机会。但如何发言才能让领导眼前一亮，留下深刻印象呢？这需要你像高手一样发言，掌握一些关键技巧。

首先，准备是至关重要的。在会前，确保你对自己的工作内容了如

CHAPTER2　公司开会

指掌。收集并整理所有相关的数据和事实，制作一份清晰、简洁、视觉吸引力强的PPT。记住，一张好的图表可以胜过千言万语。

其次，开场要有吸引力。用一句引人入胜的开场白抓住所有人的注意力。比如，可以引用一些相关的行业数据或提出一个大多数人都有共鸣的问题。接着，迅速引入你的报告主题，明确你要讲什么以及为什么它重要。

接下来，结构要清晰。按照逻辑顺序展开你的汇报，首先是项目背景和目标，然后是实施过程和遇到的挑战，最后是取得的成果和下一步计划。每一部分内容都要简洁明了，避免冗长的背景介绍或者复杂的专业术语。如果不得不使用专业术语，记得解释清楚它们的含义。

此外，故事化表达是一个有效的技巧。人们更容易记住一个好故事而不是一堆枯燥的数据。所以，把你的工作成果融入一个引人入胜的故事中。比如，你可以讲述一个具体案例，展示你的解决方案是如何在实际中发挥作用的。

视觉辅助工具的使用也非常重要。PPT应该突出关键数据和要点，使用图表、图片和图形来辅助说明。避免堆砌大量的文字，那样会让听众感到厌烦。

互动性也不能忽视。在适当的时候提问，引导听众思考或参与讨论。这不仅可以增加他们的专注度，还能让你的汇报更具互动性和生动感。

最后，结尾要有力。总结你的观点，重申你所取得的成果和未来的目标。表达你对团队和公司的感谢，以及你对未来工作的期待和信心。一个充满信心和正能量的结尾，会让你的报告在听众心中留下持久的印象。

1. 发言的重要性

想象一下，会议中，你站起身来，开始汇报你的工作。你的话语清晰、有力，每个数据都经过精心挑选，每个观点都直击要害。领导听得频频点头，同事们也投来赞许的目光。这就是高手发言的魅力。

2. 发言的常见误区

反面案例

缺乏准备："嗯，这个月我们部门……做了一些事情。"（领导内心：一些事情是哪些事情？）

内容空洞："我们的工作非常努力，大家都很辛苦。"（领导内心：我需要的是成果，不是辛苦。）

长篇大论："关于这个项目，我想从市场分析、竞争对手、团队协作等多个方面来详细说明。"（领导内心：请直接说重点。）

正面案例

数据驱动："我们部门本月完成了100万的销售额，比上月增长了20%。"

结果导向："为了提高效率，我们优化了工作流程，减少了30%的会议时间。"

解决方案："针对客户反馈的问题，我们提出了三个改进方案，并已经开始实施。"

3. 如何准备发言

步骤一：明确目标

确定你发言的主要目的和关键信息。

步骤二：了解听众

考虑领导和同事们的兴趣点和关注点。

步骤三：准备内容

收集相关数据和事实，准备支持你观点的论据。

步骤四：结构清晰

组织你的发言内容，确保逻辑清晰、层次分明。

步骤五：练习发言

多次练习你的发言，直到你能够流畅、自信地表达。

4. 实用技巧

技巧一：使用数据

数据能够让你的发言更具说服力。

技巧二：突出成果

强调你和你的团队获得的工作成果和对公司的贡献。

技巧三：提出解决方案

如果存在问题，提出具体的解决方案。

技巧四：简洁有力

保持发言简洁，避免冗长和复杂。

技巧五：注意语速和语调

注意你的语速和语调，确保信息传达清晰。

5. 万能公式与讲话稿

公式：打招呼："大家好，我为我们部门本月的工作成果感到骄傲。"

展示成果："我们完成了……，比上月增长了……"

提出解决方案："面对客户反馈的问题，我们提出了……"

总结发言："我们将继续努力，确保下个月的表现更加出色。"

呼吁行动："我建议我们进一步优化流程，提高效率。"

讲话稿示例

领导您好，我为我们部门本月的工作成果感到骄傲。

我们完成了100万的销售额，比上月增长了20%。这一成绩的取得，得益于团队的共同努力和对市场趋势的准确把握。面对客户反馈的问题，我们提出了三个改进方案，并已经开始实施。这些方案包括改进产品包装、优化客户服务流程和加强售后服务。我们将继续努力，确保下个月的表现更加出色。我建议我们可以进一步优化流程，提高效率，以满足客户的需求。

谢谢大家，我期待我们的讨论和反馈。

总结　记住，像高手一样发言，意味着你需要在会议中清晰、有力地展示你的工作成果。通过准备充分、结构清晰的发言，你可以让领导眼前一亮，留下深刻的印象。

CHAPTER 3 商务会议

会前的准备有哪些

吸引众人的目光并在舞台上大放异彩，会前的缜密准备便显得尤为关键。那些游刃有余、收放自如的发言高手们深知，成功的发言绝非偶然，而是天赋与事前的精心准备共同铸就的辉煌。

对于他们而言，发言不是言语的堆砌，而是智慧与策略的精妙融合。在每一次会议之前，他们都会悉心研究议题，深入挖掘每一个细节，确保自己的言辞精准有力，能够直击要害。成竹在胸，方能在会议上处变不惊，从容应对。

此外，这些高手还深谙听众心理，懂得如何运用语言的艺术来激发共鸣，引导听众跟随自己的思路。他们知道，一个成功的发言，不仅要传达信息，更要激发情感，让听众在不知不觉中被自己的观点所吸引。

因此，如果你也想成为商务会议中的发言高手，那么请务必重视会前的准备工作。只有这样，你才能在舞台上自信满满地展现自己的才华与魅力，赢得满堂喝彩。

1. 会前准备的重要性

想象一下，你即将在一场重要的商务会议上发言，而你对此毫无准备。你可能会在发言时结结巴巴，或者遗漏了关键信息。相反，如果你进行了充分的准备，你将能够自信地掌控整个会议的节奏。

2. 会前准备的常见误区

反面案例

临时抱佛脚："哦，天哪，我今天有个发言，但我还没准备。"（结果：发言时手忙脚乱，漏洞百出。）

准备不足："我大概知道要说什么，不用准备得太详细。"（结果：发言内容缺乏说服力。）

忽视听众："我准备了一个超级棒的PPT，不管听众是谁，我都用这个。"（结果：发言与听众的需求和兴趣脱节。）

正面案例

充分准备："我提前研究了会议议程和听众背景，准备了针对性的内容。"（结果：发言内容精准，赢得听众的认可。）

多次练习："我在家里反复练习了我的发言，直到我能流畅地表达。"（结果：发言流畅自然，给人留下深刻印象。）

准备应对问题："我预测了听众可能会问的问题，并准备了答案。"（结果：在问答环节表现出色。）

3. 如何进行会前准备

步骤一：了解会议议程和目标

明确会议的主题、目的和预期成果。

步骤二：研究听众

了解听众的背景、兴趣和需求。

步骤三：准备发言内容

根据会议议程和听众特点，准备发言稿。

步骤四：制作 PPT 或其他视觉辅助材料

如果需要，制作简洁、专业的 PPT。

步骤五：多次练习

多次练习你的发言，直到你能够流畅、自然地表达。

步骤六：准备应对问题

预测听众可能会问的问题，并准备相应的答案。

4. 实用技巧

技巧一：提前收集信息

提前收集会议相关的信息和数据。

技巧二：明确你的要点

确定你发言的三个主要要点。

技巧三：使用故事和案例

使用故事和案例来增强发言的吸引力。

技巧四：注意非语言沟通

注意你的肢体语言和面部表情。

技巧五：准备应对意外情况

准备应对技术问题或其他意外情况。

5. 万能公式与讲话稿

> 开场白："大家好，非常感谢今天有机会在这里发言。"
> 介绍自己："我是×××，负责公司的××部门。"
> 明确要点："我今天的发言将围绕三个主要点展开。"
> 详细阐述："首先，我想谈谈我们面临的××挑战……"
> 总结发言："总体来说，我们有一个明确的行动计划……"
> 呼吁行动："我鼓励大家一起参与到这个计划中来。"
> 结束语："谢谢大家的聆听，我期待与大家的进一步讨论。"

讲话稿示例

大家好，非常感谢今天有机会在这里发言。

我是×××，负责公司的销售部门。今天，我想和大家分享我们部门的一些进展和计划。我今天的发言将围绕三个主要点展开：市场分析、我们的策略和预期目标。首先，我想谈谈我们面临的市场挑战。根据我收集的数据，竞争对手最近推出了新产品，这对我们的市场份额构成了一定的威胁。针对这一挑战，我们制订了一个详细的市场策略。我们计划通过提升产品质量和加强客户服务来增强我们的市场竞争力。我们的预期目标是在未来三个月内，提升销售额15%。总体来说，我们有一个明确的行动计划，并且我们有信心实现我们的目标。我鼓励大家一起参与到这个计划中来，共同推动公司的发展。

谢谢大家的聆听，我期待与大家的进一步讨论。

总结

记住，像高手一样发言，意味着你需要在会议前做好充分的准备。通过了解会议议程、研究听众、准备发言内容、多次练习和准备应对问题，你可以在商务会议中自信地发言，赢得领导和同事的认可。

发言礼仪知多少

在商务会议中，发言礼仪不仅是展示个人智慧与专业素养的绝佳机会，更是体现职业素养和尊重他人的重要表现。掌握正确的发言礼仪，不仅能增强你的话语的分量，还能提升你的发言影响力，使你在会议中的表现更加出色。

在会议中，发言通常需要提前预约，而不是随意打断他人的发言。当预定的发言人是你自己时，应当简洁明了地表达自己的观点，避免长篇大论。这样既能展示你的专业性，又不会占用过多的会议时间，体现出对其他与会者的尊重。

在会议中，尊重既定的发言顺序非常重要。等待主持人指定或者邀请你再发言，不要急于插话。如果确实需要紧急发言或补充，可以采用礼貌的手势或言语提醒主持人，但在得到许可之前不要擅自发言。

发言内容应紧扣会议主题，言之有物。提前准备好发言要点，逻辑清晰，条理分明。避免跑题或重复他人已表述过的内容，这不仅浪费时间，还可能影响会议的整体进度。发言前可以简单列个提纲，确保覆盖所有关键点。

有效控制发言时间也是发言礼仪的一部分。长时间占据话语权不仅会让听众感到疲惫，还会挤压其他与会者发言的机会。一般情况下，发言时间应控制在3～5分钟，突出重点，简明扼要地表达完整观点。

发言中使用的语言应当礼貌、得体。无论是表达同意还是反对，都应温和而坚定，避免使用攻击性或情绪化的言辞。尊重他人的意见，即使你不认同，也可以礼貌地表达不同见解，例如："我理解您的观点，但有一个不同的意见……"

除了语言表达，非语言沟通也是发言礼仪的重要部分。保持眼神交流，表现出你对听众和发言内容的重视。适当的手势可以增强表达效果，但要避免过于夸张的动作。此外，注意坐姿和站姿，保持挺拔端正，展现出自信和专业的形象。

在别人发言时，保持专注地倾听，这是对发言者最基本的尊重。避免在他人发言时私下交谈、查看手机或电脑屏幕等分心行为。在适当的时候给予点头或微笑等积极的反馈，示意你在认真听取并思考对方的观点。

准备一个笔记本或电子设备，随时记录重要的发言内容和自己的待办事项。这不仅能帮助你回顾会议进程，还能在轮到你发言时提供有力的支持点。记录时，注意抓住要点，避免逐字记录影响聆听。

1. 发言礼仪的重要性

想象一下，你在一个高端的商务会议上，所有人都正襟危坐，等待着你的发言。你清了清嗓子，开始侃侃而谈，却不小心打断了别人的话，或者在发言时手机响了。这些小细节，都可能让你的专业形象大打折扣。

2. 发言礼仪的常见误区

反面案例

> 打断他人："对不起，我想说……"（正在发言的同事：我的话还没说完呢！）
>
> 使用手机：在会议中，你的手机突然响了起来。（领导内心：这是对我的不尊重。）
>
> 准备不足："关于这个项目，嗯……我认为……"（听众内心：你到底有没有准备？）

正面案例

> 倾听他人："我同意小张的观点，并且我想补充……"（听众内心：这个人很有团队精神。）
>
> 关闭手机：你的手机始终保持静音状态。（领导内心：这个人很专业。）

> 准备充分:"根据我们的市场分析,我建议……"(听众内心:这个人很可靠。)

3. 如何掌握发言礼仪

步骤一:**倾听他人**

在他人发言时,认真倾听,不要打断。

步骤二:**尊重他人**

尊重他人的发言和观点,即使你不同意。

步骤三:**准备充分**

在会议前做好充分的准备,确保你的发言内容有条理。

步骤四:**注意语言**

使用礼貌和专业的语言。

步骤五:**控制时间**

注意发言的时间,避免过长或过短。

步骤六:**使用视觉辅助工具**

如果需要,使用PPT或其他视觉辅助工具来支持你的发言。

4. 实用技巧

技巧一:**等待机会**

等待合适的时机再发言,不要随意插话。

技巧二:**肢体语言**

使用开放和积极的肢体语言。

技巧三:**眼神交流**

与听众进行眼神交流,展现你的自信。

| CHAPTER3　商务会议 |

技巧四：清晰表达

清晰、准确地表达你的观点。

技巧五：感谢他人

在发言结束时，感谢听众的关注。

5. 万能公式与讲话稿

> 打招呼："大家好，谢谢主持人给我这个发言机会。"
>
> 倾听他人："我刚刚听了××的发言，很受启发。"
>
> 表达观点："关于这个议题，我的看法是……"
>
> 使用视觉辅助工具："这是我们的市场分析图，大家可以看到……"
>
> 控制时间："我会尽量简短，以免占用大家太多时间。"
>
> 感谢听众："感谢大家的倾听，期待与大家的进一步讨论。"

讲话稿示例

大家好，谢谢主持人给我这个发言机会。

我刚刚听了小张的发言，很受启发。他提出的关于市场推广的策略，我认为非常实用。关于这个议题，我的看法是，我们除了要加强线上推广，也不能忽视线下活动的影响力。这是我们的市场分析图，大家可以看到，尽管线上推广的覆盖面广，但线下活动的客户忠诚度更高。我会尽量简短，以免占用大家太多时间。总结来说，我建议我们采取线上线下相结合的方式，以实现最佳的市场推广效果。

感谢大家的聆听，我期待与大家的进一步讨论。

> **总结**
>
> 记住，在商务会议中发言，礼仪同样重要。通过倾听他人、尊重他人、准备充分、注意语言、控制时间、使用视觉辅助工具和多次练习，你可以在会议中展现你的专业素养，赢得他人的尊重。

如何在会议中有效互动

在商业环境中，会议不再是简单的信息传递平台，而是团队协作与决策的重要平台。有效的会议互动能够显著提高团队的凝聚力和协作效率，是推动项目成功的关键因素之一。

准备一些与议题相关的问题，以引导讨论深入展开。这些问题可以是你自己的疑问，也可以是团队成员可能关心的问题。不要害怕表达自己的观点，即使它们可能与众不同。积极的发言能够激发更多的讨论和思考。

当你讲话的时候，通过提问来引导讨论的方向，比如"大家对这个方案有什么看法？"或者"我们是否考虑过其他可能性？"并且鼓励团队成员分享他们的想法和经验，特别是那些通常较少发言的成员。

在讨论中，你要尽可能寻找各方都能接受的共同点，作为达成共识

| CHAPTER3　商务会议 |

的基础。

会议结束时，总结并明确下一步的行动计划和责任分配，确保每个人都清楚自己的任务。

1. 有效互动的重要性

想象一下，你参加了一个冗长的商务会议，每个人都在自说自话，没有人真正倾听他人的观点。这样的会议不仅效率低下，而且容易让人昏昏欲睡。相反，如果会议中的每个人都能有效地互动，那么会议将充满活力，决策过程也将更加高效。

2. 有效互动的常见误区

反面案例

独占话语权："我认为我们应该这样、这样、这样……"（听众内心：有没有考虑过别人的意见？）

无视他人观点："我不同意你的看法，我的理由是……"（同事内心：他根本没听我说什么。）

缺乏反馈："小张提出了一个想法。"（小张内心：我的建议就这样石沉大海了吗？）

正面案例

倾听并回应："我听到小李提到了供应链的问题，我认为我们可以从这个角度来解决……"

> 鼓励他人参与:"小王,你对这个问题有什么看法?"
>
> 给予正面反馈:"小张的提议很有创意,我们可以在此基础上进一步探讨。"

3. 如何在会议中有效互动

步骤一:倾听他人

认真倾听他人的发言,理解他们的观点和需求。

步骤二:给予反馈

对他人的发言给予积极的反馈和建议。

步骤三:提出问题

通过提问来引导更深入的讨论。

步骤四:鼓励参与

鼓励那些较少发言的团队成员参与讨论。

步骤五:建立共识

努力寻找共同点,建立团队共识。

步骤六:保持尊重

无论观点如何不同,始终保持尊重和礼貌。

4. 实用技巧

技巧一:使用开放式问题

开放式问题能够鼓励更多的讨论,例如:"你如何看待这个问题?"

技巧二:总结他人观点

在发言时总结和肯定他人的观点,例如:"正如小李所说,我们需要考虑……"

技巧三：使用肢体语言

通过肢体语言来表达你的关注和兴趣，比如点头和保持眼神接触。

技巧四：适当的幽默

适当的幽默可以缓解紧张气氛，促进更好的互动。

技巧五：明确行动计划

在讨论结束时，明确下一步的行动计划。

5. 万能公式与讲话稿

> 打招呼并感谢："大家好，感谢主持人给我这个机会发言。"
>
> 倾听并回应："我听到小李提到了一个重要的观点……"
>
> 提出问题："我想请问小王，你对这个问题有什么看法？"
>
> 鼓励参与："小赵，你似乎对这个议题很感兴趣，能分享你的想法吗？"
>
> 建立共识："我们都希望提高效率，那么我们可以……"
>
> 保持尊重："我尊重小张的意见，同时，我也想提出……"
>
> 明确行动计划："接下来，我们可以分步骤实施……"

讲话稿示例

大家好，感谢主持人给我这个机会发言。

我听到小李提到了一个重要的观点，关于如何提高我们的工作效率。我认为这是一个值得我们深入探讨的问题。我想请问小王，你对这个问题有什么看法？是否有一些具体的建议？小赵，你似乎对这个议题很感兴趣，能分享你的想法吗？我相信你的见解会对我们的讨论有很大帮助。我们都希望提高效率，那么我们可以从小李和小王提出的想法开始，制订一个具体的行动计划。我尊重小张的意见，同时，我也想提出，我们或许可以考虑引入一些新的管理工具来辅助。接下来，我们可以分步骤实施这个计划，并定期回顾进展。

谢谢大家的聆听，我期待我们的进一步讨论和合作。

> **总结**
>
> 记住，在商务会议中有效互动，能够提升团队的协作效率和决策质量。通过倾听他人、给予反馈、提出问题、鼓励参与、建立共识、保持尊重和明确行动计划，你可以在会议中展现你的领导力和团队精神。

| CHAPTER3　商务会议 |

别忘了会后跟进

在商务会议中发言，就像是在一场精彩的戏剧中扮演关键角色。当你在会议上做报告或提出建议时，仿佛聚光灯都集中在你身上，所有的目光都在期待你的卓越表现。然而，真正的高手不仅在舞台上表现出色，更懂得在舞台下做好功课。

会议结束后的跟进工作，往往决定了发言的成效能否转化为实际成果。首先，回顾并整理会议记录是必不可少的。你需要将讨论的要点、决策结果以及分配的任务逐一记录下来，确保每一个细节都不被遗漏。这样不仅可以帮助你梳理思路，更能为后续的工作提供明确的依据。

其次，及时与相关的同事和团队成员进行沟通至关重要。通过邮件、电话或者面对面的交流，你可以进一步明确每个人的职责和任务进度，确保所有人都在同一节奏上运作。这不仅能提高团队的协作效率，还能避免因为信息不对称而造成的误解和延误。

另外，制订一个详细的行动计划也是关键所在。将大的目标分解成具体的、可执行的小步骤，并为每个步骤设定时间期限和负责人。这样一来，不仅可以让整个项目有序进行，还能通过逐步完成任务来不断激励自己和团队，保持干劲和动力。

当然，持续的监控和反馈也是不可或缺的环节。定期检查任务的进展情况，及时发现并解决问题，能够确保项目始终在正确的轨道上运行。同时，倾听团队成员的反馈和建议，吸收其中的精华部分，不断优化和调整策略，使得最终的成果更加完善。

最后，别忘了对整个过程进行总结和反思。在项目结束后，回顾一下整个过程中遇到的困难和挑战，总结经验和教训。这不仅有助于提升自己的专业能力，也能为未来的项目提供宝贵的参考。

正如一场戏剧，精彩的不仅仅是演员在舞台上的表现，还有他们在幕后无数次的排练和准备。同样，在商务会议中发言后，真正的功夫在于会后的跟进和落实。这些细致入微的工作，虽然不易被察觉，却是决定最终成败的关键因素。只有做好这些功课，才能将发言的成效真正转化为实际成果，实现预期的目标。

1. 会后跟进的重要性

想象一下，你在会议上提出了一个绝妙的提案，赢得了满堂彩。但会议结束后，你把它抛到了九霄云外。几周后，当领导问起提案的进展时，你只能尴尬地笑笑。这就是没有做好会后跟进的典型例子。

2. 会后跟进的常见误区

反面案例

> 遗忘跟进："我会议上有个绝妙的想法，但我现在想不起来了。"（领导内心：这人真不靠谱！）
>
> 缺乏记录："我记得我提过一个方案，但没人记得。"（同事内心：我们怎么跟进？）

> 拖延症:"我打算明天开始执行会议决定,但明天之后还有明天。"(项目进度:无限期停滞。)

正面案例

及时记录:"我已经记下了会议中的关键决策,并准备开始行动。"(领导内心:这个人很有条理。)

明确责任:"根据会议决定,我将负责这个项目,并与相关部门协调。"(团队内心:我们有明确的方向。)

定期更新:"我会在接下来的几周内定期更新项目进展,并在下次会议上报告。"(同事内心:我们有可靠的队友。)

3. 如何进行有效的会后跟进

步骤一:会议记录

记录会议中的关键决策、行动计划和责任分配。

步骤二:整理行动计划

根据会议记录,制订详细的行动计划。

步骤三:分配责任

明确每个行动计划的责任人和完成期限。

步骤四:沟通协调

与相关团队成员沟通,确保每个人都清楚自己的任务。

步骤五:定期更新

定期更新进度,并向利益相关者报告。

步骤六：调整优化

根据反馈和进展情况，及时调整计划。

4. 实用技巧

技巧一：使用工具

使用任务管理工具，如 Trello 或 Asana，来跟踪任务进度。

技巧二：会议总结

会后及时发送会议总结和行动计划给所有参会者。

技巧三：设定提醒

为重要的截止日期设定提醒。

技巧四：定期会议

定期举行会议来回顾进度和调整计划。

技巧五：保持沟通

通过邮件或即时通信工具，保持与团队成员的沟通。

5. 万能公式与讲话稿

> 会议记录："我已经记录了会议中的关键决策。"
>
> 行动计划："我将制订一个详细的行动计划，并分配责任。"
>
> 沟通协调："我会与相关部门协调，确保每个人都清楚自己的任务。"
>
> 定期更新："我会定期更新进度，并在下次会议上报告。"

| CHAPTER3　商务会议 |

讲话稿示例

大家好,会议结束后,我已经记录了我们讨论的关键点。

我将制订一个详细的行动计划,并根据会议决定分配责任。例如,我们将在下周一开始执行新的市场推广策略。我会与销售和市场部门协调,确保每个人都清楚自己的任务和目标。我会定期更新项目进展,并通过电子邮件与大家分享。我们的第一次进度更新将在一周后进行。根据进展情况,我会及时调整计划,并在必要时与大家讨论优化方案。

感谢大家的合作,我相信通过我们的共同努力,我们一定能够实现目标。

总结　记住,会议的结束并不意味着工作的结束。通过有效的会后跟进,你可以确保会议中的决策得到有效执行,将发言的总结转化为实际成果。

如何在发言中提升创造力与效力

在商务会议中,每一次发言都像是你的个人秀。然而,想要让这场"秀"精彩绝伦,仅仅依靠表面功夫是不够的,你需要在发言中注入创造力与效力,这样不仅能让领导和同事们眼前一亮,还能有效推动工作进展。

创造力是发言的点睛之笔。通过生动的语言、独特的视角和创新的思维，你可以为会议增添活力。例如，用一个贴近现实生活的例子来说明复杂的概念，或者提出一个全新的解决方案来应对当前的挑战。这些创意不仅能吸引听众的注意力，还能让他们对你的观点产生共鸣。

同时，效力则是发言的核心要素。你需要确保每一句话都有意义，每一个观点都能引起重视。为此，可以提前做好充分的准备工作，研究相关数据，了解最新动态，以便在发言中提供有力的支持。此外，逻辑清晰、条理分明的表达也是必不可少的。通过合理的论证和充分的论据，你的观点将更具说服力。

为了让创造力与效力在发言中完美结合，还可以尝试运用一些技巧。比如，使用故事化的手法来讲述一个案例，既引人入胜又富有说服力；或者通过对比分析，突出自己观点的优势和独特性。这些方法都能帮助你打造一场精彩的发言秀。

1. 创造力与效力的重要性

想象一下，会议中每个人都在用PPT展示着干巴巴的数据和陈词滥调的观点，突然，你站了起来，用一个生动的故事或者一个新颖的解决方案，让整个会议室的气氛活跃起来。这就是创造力与效力的力量。

2. 发言中创造力与效力的常见误区

反面案例

枯燥无味："根据我们的市场分析，竞争对手的增长率是5%，我们的是3%，所以我们落后了。"（听众内心：这谁不知道？）

缺乏创新："我觉得我们应该加大广告投入，就像去年那样。"（听众内心：没新意。）

无效表达："这个问题很复杂，我建议大家多讨论讨论。"（听众内心：这到底是解决方案还是问题？）

正面案例

创新观点："我认为我们可以利用大数据来预测市场趋势，而不是仅仅依赖历史数据。"

实际可行："面对这个问题，我建议我们可以分成几个小组，每个小组负责一个方案，然后我们PK一下。"

激发参与："关于这个项目，我有个初步想法，我想先听听大家的意见，然后再一起头脑风暴。"

3. 如何在发言中提升创造力与效力

步骤一：准备阶段

在会议前，提前准备，思考如何让你的发言更有创意。

步骤二：思考创新

尝试从不同的角度思考问题，提出新颖的观点。

步骤三：结构清晰

确保你的发言有清晰的结构，先说什么，后说什么，逻辑清晰。

步骤四：简洁有力

让你的语言简洁有力，直击要点。

步骤五：激发参与

鼓励同事们参与讨论，增加互动性。

步骤六：练习，练习，再练习

在家中或与同事进行模拟练习，提高你的发言技巧。

4. 实用技巧

技巧一：使用故事

人们喜欢听故事，用故事来包装你的观点。

技巧二：利用数据

数据可以增强你的观点的说服力，但要确保数据的新鲜和相关性。

技巧三：提出解决方案

不仅要提出问题，更要提出解决方案。

技巧四：使用视觉辅助工具

适当的视觉辅助工具可以帮你更好地传达信息。

技巧五：激发情感

适当的情感表达可以让你的发言更有影响力。

5. 万能公式与讲话稿

> 开场白："大家好，我对我们正在讨论的问题有一些新的想法。"
>
> 提出问题："我们都看到了竞争对手的增长率，但我认为我们更应该关注……"
>
> 创新观点："我建议我们可以利用新兴技术来提升我们的竞

| CHAPTER3　商务会议 |

争力。"
激发参与："关于这个方案，我想先听听大家的意见。"
简洁有力："我的提案是……，它能帮助我们……"
总结发言："总之，我认为这个方案能为我们带来……"
呼吁行动："让我们一起把这个想法付诸实践。"

讲话稿示例

大家好，我对我们正在讨论的问题有一些新的想法。

我们都看到了竞争对手的增长率，但我认为我们更应该关注客户体验。这不仅仅是一个数据问题，更是一个战略问题。我建议我们可以利用新兴技术，比如人工智能，来提升我们的服务质量和效率。这样我们不仅能提升客户满意度，还能降低运营成本。关于这个方案，我想先听听大家的意见。我相信通过集思广益，我们能找到最佳解决方案。我的提案是建立一个跨部门的创新小组，专门负责探索和实施新技术。总之，我认为这个方案能帮助我们在市场中保持领先地位，并提高我们的竞争力。让我们一起把这个想法付诸实践，我期待与大家的合作。

谢谢大家的聆听。

总结

记住，在商务会议中发言，提升创造力与效力是关键。通过准备充分、思考创新、结构清晰、简洁有力、激发参与和多次练习，你可以在会议中展现你的专业素养和领导力。

CHAPTER 4 社交活动

如何做好自我介绍

在当今这个高度互联的社会,社交活动成了我们日常生活和职业发展的重要组成部分。无论是参加商业会议、社交聚会还是线上交流,我们常常需要向他人介绍自己。这时,一个精彩的自我介绍就像是你的个人广告,能够迅速吸引他人的注意力,并给他们留下深刻的印象。

高手们深知,自我介绍不仅仅是简单地报上名字,更是展示自我、传递价值的一个重要手段。通过巧妙的自我介绍,他们能够让人在最短的时间内对自己产生兴趣,甚至为自己赢得宝贵的机会。

那么,如何打造一个精彩的自我介绍呢?

明确目标:在准备自我介绍之前,首先要明确你的目标。你希望结交新朋友,还是寻找商业合作伙伴,或者是顺利通过求职面试?不同的目标决定了你需要强调的方面不同。如果你是为了扩大人际网络,那么你可能需要更多地突出你的兴趣爱好和个人特质;如果是为了通过求职

CHAPTER4 社交活动

面试，则需要侧重于你的专业技能和工作经验。

简洁明了：一个优秀的自我介绍应当简洁而不失全面。通常建议控制在30秒到1分钟之间，涵盖姓名、职业或学生身份、当前所在地区，以及一两个亮点即可。过长的自我介绍容易让人失去耐心，而过于简短则可能让人觉得你没有准备好。

突出亮点：每个人都是独特的个体，拥有自己的优点和特长。在自我介绍中，务必突出那些能够引起听众兴趣的亮点。例如，你可以分享一些你在专业领域的成就，或者讲述一次你克服困难的经历。这些故事不仅能够展示你的能力，还能让听众与你产生共鸣。

个性化表达：尽量避免使用过于模板化的语言，尝试用自己独特的方式去表达。比如，用幽默的方式引出你的某个特点，或者通过提问的方式引导听众思考。个性化的表达方式更容易让人记住你。

练习与反馈：一个好的自我介绍往往是经过多次打磨和练习的结果。可以对着镜子练习，也可以请朋友或家人给出意见。通过不断的练习，你会发现自己在表达上越来越流畅，内容也越来越精练。

适时调整：根据不同的场合和对象，适时调整你的自我介绍内容。例如，在正式的商务场合，你可能更需要展现专业性和稳重；而在轻松的社交聚会上，则可以适当地加入一些轻松有趣的元素。

1. 自我介绍的重要性

想象一下，你参加了一个行业交流会，每个人都在热烈地交谈，而你刚刚加入一个小组。如果你的自我介绍平淡无奇，你可能会像背景板一样被忽视。但如果你能够用几句简洁而有力量的话介绍自己，你就能吸引别人的注意，甚至可能因此获得新的职业机会或结识重要的朋友。

2. 自我介绍的常见误区

反面案例

过于简短:"大家好,我是×××。"(听众内心:然后呢?)

缺乏个性:"我是一家IT公司的市场经理,工作就是做市场。"(听众内心:哪家公司不是呢?)

信息过载:"我的名字是×××,毕业于××大学,现在在××公司工作,负责市场策划。我的爱好是旅游、阅读和运动,我还在学法语……"(听众内心:等等,你刚才说你的爱好是什么?)

正面案例

简洁有力:"大家好,我是×××,专注于数字营销,擅长用数据驱动增长。"

展现个性:"大家好,我是×××,一个用代码构建产品的程序员,也是一个用故事构建世界的作家。"

引发兴趣:"大家好,我是×××,我对AI和区块链充满热情,目标是让复杂的技术变得简单有趣。"

3. 如何做好自我介绍

步骤一:了解场合

根据社交活动的类型,决定你的介绍方式和内容。

步骤二：准备内容

准备简短、有重点的介绍内容。

步骤三：展现个性

让你的介绍与众不同，展现你的个性和特点。

步骤四：练习表达

练习你的自我介绍，确保自然流畅。

步骤五：注意肢体语言

使用开放和积极的肢体语言。

步骤六：观察反应

注意听众的反应，适时调整你的介绍。

4. 实用技巧

技巧一：名字的记忆法

使用有趣或独特的方式介绍你的名字，让别人更容易记住。

技巧二：故事讲述

用一个小故事来介绍自己，这样更容易引起共鸣。

技巧三：展现价值

强调你的价值和你能为别人带来什么。

技巧四：适度幽默

适当的幽默可以让人印象深刻，但要确保笑话不尴尬。

技巧五：清晰表达

清晰、准确地表达自己，避免使用行话或复杂的术语。

5. 万能公式与讲话稿

打招呼："大家好。"

名字介绍："我是×××。"

职业或角色："我是一名……"

独特之处："我擅长……"

兴趣爱好："业余时间我喜欢……"

期待交流："我期待和大家的交流和学习。"

讲话稿示例

大家好。

我是×××，一名数字营销专家，专注于通过创意和数据分析来驱动业务增长。我擅长用故事让复杂的数据变得有趣，帮助品牌与消费者建立真正的连接。业余时间我喜欢徒步旅行，探索未知的地方，这让我总能在工作中保持新鲜和创新的视角。我期待和大家的交流和学习，相信我们能碰撞出有趣的火花。

谢谢大家。

| CHAPTER4　社交活动 |

> **总结**
>
> 记住,在社交活动中做好自我介绍,可以让你在人群中脱颖而出。通过了解场合、准备内容、展现个性、练习表达、注意肢体语言和观察反应,你可以让自我介绍成为一种艺术。

与陌生人交谈的万能话题

在社交活动中,与陌生人交谈是一项非常重要的技能。高手们之所以能够轻松地与任何人展开对话,是因为他们掌握了一些万能话题。这些话题就像是社交界的万能钥匙,适用于各种场合。

首先,我们可以谈论天气。无论是晴朗的阳光还是阴雨绵绵,天气总是一个轻松的话题。人们可以分享他们对天气的感受,或者讨论最近的气候变化。这是一个很好的开场白,可以帮助双方更好地了解彼此。

其次,我们可以谈论旅行。大多数人都喜欢旅行,因此这个话题通常会引起共鸣。你可以询问对方是否喜欢旅行,他们去过哪些地方,或者他们最喜欢的旅行目的地是哪里。这不仅可以增进了解,还可以分享彼此的经验和故事。

另外,我们可以谈论电影和电视剧。这是一个广泛的话题,几乎每个人都对电影或电视剧有所热衷。你可以询问对方最近看过什么好电影或电视剧，或者推荐一些你自己喜欢的作品。这可以引发有趣的讨论，并可能发现共同的兴趣点。

最后，我们可以谈论音乐。音乐是一种美妙的艺术形式，可以引起人们的情感共鸣。你可以询问对方喜欢的音乐类型，或者分享一些你喜欢的歌曲或歌手。这可以成为一个愉快的话题，让人们感受到彼此的音乐品位。

1. 万能话题的重要性

想象一下，你参加了一个鸡尾酒会，遇到了一个完全陌生的人。你可能会紧张，不知道从何谈起。但是，如果你掌握了一些万能话题，就能轻松打破沉默，与对方建立起良好的沟通。

2. 交谈中的常见误区

反面案例

> 天气话题过度使用："今天天气真好。"（陌生人内心：然后呢？）
>
> 过于私人的问题："你工资多少？"（陌生人内心：这也太隐私了吧？）
>
> 单方面谈话："我最近在做一个项目，它如何如何……"（陌生人内心：你能不能问问我的看法？）

| CHAPTER4　社交活动 |

正面案例

　　轻松愉快的话题:"你最喜欢哪种类型的电影?"(陌生人内心:这个话题轻松,我喜欢。)

　　共同体验的话题:"你觉得这个活动怎么样?"(陌生人内心:我也在参加这个活动,有共同话题。)

　　适时地赞美:"你今天的着装很有品位。"(陌生人内心:感谢夸奖,我愿意和你聊更多。)

3. 如何找到万能话题

步骤一:观察环境

注意你们所处的环境,找到一个共同的观察点。

步骤二:寻找共同点

找到你和对方可能有的共同点。

步骤三:注意时事热点

了解当前的时事热点,这些往往是大家愿意讨论的话题。

步骤四:准备一些通用话题

准备一些适用于大多数人的通用话题。

步骤五:倾听对方

通过倾听对方的言谈,找到他们感兴趣的话题。

步骤六:适时调整

根据对方的反应适时调整你的谈话内容。

4. 实用技巧

技巧一：使用开放式问题

开放式问题可以让对方有更多的空间来分享他们的想法。

技巧二：注意对方的反应

观察对方的非语言信号，如肢体语言和面部表情。

技巧三：适时的幽默

适当的幽默可以让对话更加轻松愉快。

技巧四：共享个人经历

分享一些个人的小故事或经历，可以让对方感到更亲近。

技巧五：避免争议话题

避免涉及政治、宗教等可能引起争议的话题。

5. 万能公式与讲话稿

打招呼："你好，我是×××。"

共同体验："你觉得这个活动怎么样？"

轻松话题："你最近看了……"

适时赞美："你对这个议题的见解真不错。"

个人经历："我最近……"

转换话题："说到……"

结束语："很高兴认识你，希望我们能保持联系。"

| CHAPTER4　社交活动 |

讲话稿示例

你好，我是×××。

你觉得这个活动怎么样？我个人觉得这种类型的聚会是认识新朋友的好机会。你最近看了什么好书？我最近读了一本关于人工智能的书，非常启发思考。你对这个议题的见解真不错，我也有些类似的看法。我最近去了一趟西藏，那里的风景真是太美了，强烈推荐你去一次。说到旅行，你有什么特别想去的地方吗？我一直对非洲的野生动物园很好奇。

很高兴认识你，希望我们能保持联系。

> **总结**
> 记住，在社交活动中与陌生人交谈，掌握一些万能话题可以让你游刃有余。通过观察环境、寻找共同点、注意时事热点、准备通用话题、倾听对方和适时调整，你可以轻松地与任何人展开对话。

如何让你们的对话源源不断

无论是工作场合的商务洽谈，还是朋友聚会的闲聊，抑或是陌生人之间的初次见面，能够轻松地与人交谈绝对是一项宝贵的技能。

首先，我们需要认识到，轻松地与人交谈不仅仅是一种艺术，更是一种技巧。高手们总能在对话中游刃有余，让对话源源不断，充满生机。他们仿佛拥有某种神奇的力量，能够让每一个话题都变得生动有趣，让每一个参与者都感到舒适和愉快。

那么，这种神奇的力量是什么呢？答案其实并不复杂。首先，高手们通常都具备良好的倾听能力。他们懂得在对话中给予对方充分的关注，用心倾听对方的话语，从而能够准确地捕捉到对方的兴趣点和情感需求。这种关注不仅让对方感受到被尊重和理解，还为接下来的对话铺垫了良好的基础。

其次，高手们往往拥有丰富的知识储备和广泛的兴趣。这使得他们在各种话题中都能游刃有余地参与其中，与对方进行深入的交流。无论是时事新闻、历史文化，还是体育娱乐、时尚潮流，他们都能侃侃而谈，让对方感受到与他们交谈的乐趣和收获。

此外，高手们还擅长运用幽默和赞美。幽默是打破尴尬气氛的利器，能够让对话变得更加轻松愉快。而适时的赞美则能够增强对方的自信心，拉近彼此的距离。这些技巧的运用，让高手们在社交场合中总是能够成为焦点人物，受到大家的喜爱和欢迎。

当然，要想在社交活动中轻松地与人交谈，还需要不断地实践和学习。我们可以通过观察他人的交流方式，学习他们的优秀之处；也可以通过阅读书籍、观看节目等方式，来丰富自己的知识和视野。同时，我们还要学会在对话中保持真诚和自然，让对方感受到我们的诚意和热情。

1. 让对话源源不断的重要性

想象一下，你在一场社交活动中遇到了一个有趣的人，但你们的对话在几个尴尬的"嗯"和"啊"之后戛然而止。这不仅让气氛变得尴尬，还可能错失建立新联系的机会。相反，如果你能够让对话持续下去，就能更深入地了解对方，甚至建立起长久的友谊或合作关系。

2. 让对话源源不断的常见误区

反面案例

单向提问："你做什么工作？""你从哪里来？""你有兄弟姊妹吗？"（对方内心：感觉像是在审讯。）

自说自话："我上个月去了巴黎，然后我又去了伦敦，接着我……"（对方内心：你能不能问问我的故事？）

缺乏真正的倾听："我上周打了高尔夫球，你呢？哦，你也打了？我打了78杆……"（对方内心：我还没回答你的问题呢！）

正面案例

双向交流："你是怎么进入这个行业的？""真有趣，我是因为……"（双方都有机会分享故事。）

展示真正的兴趣："你的旅行经历真丰富，你最难忘的一次旅行是哪一次？"（展现出对对方故事的兴趣。）

适当地自我披露："我上个月也去了一趟西藏，那里的……"（适当的分享能拉近彼此的距离。）

3. 如何让对话源源不断

步骤一：开放式提问

提出开放式问题，让对方有更多空间回答。

步骤二：倾听

认真倾听对方的回答，并根据回答提出进一步的问题。

步骤三：共享经验

分享与对方故事相关的经历或感受。

步骤四：适当地自我披露

适当地分享一些个人信息，让对方感受到你的信任。

步骤五：观察和反应

注意对方的非语言信号，如肢体语言和面部表情，并做出适当的反应。

步骤六：转换话题

当当前话题似乎快要结束时，及时转换到新的话题。

4. 实用技巧

技巧一：寻找共同点

找到你和对方的共同兴趣或经历。

技巧二：适时的幽默

适当的幽默可以让对话更加轻松愉快。

技巧三：适时的赞美

适当的赞美可以让对方感到愉悦。

技巧四：避免争议话题

避免涉及可能引起争议的话题，如政治和宗教。

CHAPTER4　社交活动

技巧五：注意语言和语气

使用积极、友好的语言和语气。

5. 万能公式与讲话稿

> 打招呼："你好，我是×××。"
>
> 开放式提问："你是怎么认识主持人的？"
>
> 倾听并回应："哦，真的吗？那真是太有趣了。"
>
> 共享经验："我也对艺术很感兴趣，我最近去了一次艺术展览。"
>
> 适当地自我披露："我最近在学习画画，虽然只是初学者。"
>
> 转换话题："对了，你平时有什么爱好？"
>
> 结束语："很高兴认识你，希望我们能保持联系。"

讲话稿示例

你好，我是×××。

你是怎么认识主持人的？哦，真的吗？那真是太有趣了。我也对艺术很感兴趣，我最近去了一次艺术展览，那里的画作非常引人入胜。我最近在学习画画，虽然只是初学者，但我觉得这是一个很放松的活动。对了，你平时有什么爱好？太棒了，攀岩一定很刺激。

很高兴认识你，我们加个联系方式，方便吗？

> **总结**
>
> 记住,在社交活动中让对话源源不断,你需要提出开放式问题、认真倾听、共享经验、适当自我披露、观察和反应,以及适时转换话题。这样,你就能轻松地与人交谈,建立起新的联系。

微信(群)聊天你需要知道的事

在当今数字化时代,微信聊天已然成为人们社交活动中至关重要的一环。无论是为了探讨工作上的事务、分享生活点滴,还是与天南地北的好友进行轻松愉快的闲聊,掌握微信群聊天的艺术,能够使你在各种社交场合中应对自如,游刃有余。

微信作为一种多功能的即时通信工具,不仅支持发送文字消息,还能分享图片、视频、语音以及各类表情包,极大地丰富了聊天的形式和内容。通过恰当地运用这些功能,你可以更生动、直观地表达自己的想法和情感,从而拉近与他人的距离,增进彼此的了解。

除了微信,微信群也是需要我们注意的地方。比如,在工作交流中,利用微信群的@功能可以确保重要信息传达到特定人员,避免遗漏;而使用文件传输功能,则能方便地共享文档和资料,提高工作效率。此外,通过合理安排群公告和群规,可以维护群聊的秩序,营造一

| CHAPTER4　社交活动 |

个良好的交流环境。

在与朋友闲聊时，不妨多运用幽默风趣的语言和表情包来活跃气氛，让对话更加轻松愉快。同时，适度分享一些个人的生活照片或趣事，也能让朋友们感受到你的热情和真诚。但需要注意的是，无论何种情境下，都应尊重他人的观点和隐私，避免发表不当言论或过度打扰他人。

1. 微信（群）聊天的重要性

想象一下，你在一个行业交流微信群里，大家正在热烈讨论一个话题。如果你不懂得如何有效地在微信上表达自己，就可能错失展示自己专业素养的机会，甚至可能因为不当言论而留下不良印象。

2. 微信（群）聊天的常见误区

反面案例

> 信息过载："我看到了一个超级搞笑的视频，你们看了吗？哈哈哈哈哈哈。"（微信群：我们正在讨论工作问题。）
>
> 长篇大论："关于这个问题，我认为……（500字小论文）"（接收者：我根本没时间看这么多字。）
>
> 不恰当的表情使用："我觉得你说的不对。[微笑表情]"（接收者：这个微笑表情怎么感觉有点讽刺？）

正面案例

简洁明了:"关于项目计划,我有一些建议,晚上8点电话会议讨论。"(接收者:信息明确,期待讨论。)

适当的表情:"谢谢你的分享![大拇指表情]"(接收者:感谢支持。)

适时的关心:"最近项目很忙,注意休息。"(接收者:感觉很温暖。)

3. 如何在微信(群)聊天中有效交流

步骤一:明确目的

在开始聊天前,明确你想要达到的目的。

步骤二:注意语言简洁

尽量使用简洁明了的语言,避免长篇大论。

步骤三:适当使用表情

使用表情来传达你的情感,但要确保表情与语境相符。

步骤四:适时反馈

对对方的消息给予适时的反馈。

步骤五:保持礼貌

无论是什么话题,始终保持礼貌。

步骤六:注意隐私

避免在群聊中讨论涉及隐私的话题。

4. 实用技巧

技巧一：使用 @ 功能

当需要特定人回应时，使用 @ 功能提醒他们。

技巧二：注意时效性

确保你的消息具有时效性，避免提及过时的信息。

技巧三：避免争议话题

在群聊中避免涉及可能引起争议的话题。

技巧四：适时的问候

在对话开始时适当问候，增进亲切感。

技巧五：使用文件传输助手

利用微信的文件传输助手功能，发送较长的资料或信息。

5. 万能公式与讲话稿

> 打招呼："你好，我是×××。"
>
> 明确目的："关于明天的会议，我有一些想法想和你交流。"
>
> 简洁表达："我建议我们重点关注市场推广策略。"
>
> 适当的表情："[思考表情]"
>
> 适时反馈："你刚才的提议我觉得很棒。"
>
> 保持礼貌："感谢你的意见和建议。"
>
> 结束语："期待你的回复，祝今天过得愉快。"

讲话稿示例

你好，我是×××。

关于明天的会议，我有一些想法想和你交流。我建议我们重点关注市场推广策略，尤其是在社交媒体上的投放。我认为我们可以通过数据分析来优化我们的广告投放。你刚才的提议我觉得很棒，尤其是关于增加用户互动的部分。

感谢你的意见和建议，期待你的回复。祝今天过得愉快。

> **总结**
>
> 记住，在微信（群）聊天中，明确目的、注意语言简洁、适当使用表情、适时反馈、保持礼貌和注意隐私是关键。这样，你就能在社交活动中通过微信聊天轻松地与人交流，建立起良好的社交关系。

如何向别人更好地展示自己

每一次的社交活动，都是展示自我、建立联系的绝佳机会。然而，如何在众多的声音中脱颖而出，有效地展示自己，则是一门需要精心打磨的艺术。真正的高手们总能轻易地抓住别人的注意力，建立起积极的个人形象。

CHAPTER4　社交活动

在任何社交场合中，自信和从容是吸引注意力的基础。无论你是与陌生人初次见面，还是与熟人重逢，露出自信的微笑，保持挺拔的站姿和坚定的目光，都能瞬间提升你的个人魅力。自信不仅来源于对自身的肯定与认同，更源于对环境的适应和掌控。当你能够从容应对各种情境，自然能散发出一种无形的吸引力，让人愿意靠近并了解你。

展示自己不仅仅是说，更重要的是听。在社交互动中，善于倾听他人的讲话，并做出适当的反馈，是建立良好第一印象的关键。倾听不仅是对他人的尊重，更是了解对方需求和兴趣的重要途径。通过积极倾听，可以找到与对方的共鸣点，从而展开更深入的对话。适时地给予点头、微笑或者简短的回应，如"是的，我同意""这真有趣"等，都能让对方感受到你的真诚和关心。

除了言语表达，非语言沟通也是展示自己的重要手段。肢体语言、面部表情和眼神交流等都能传递出丰富的信息。在与人交谈时，保持适度的眼神接触，表示你在认真倾听；适时地点头或微笑，可以表达你的认同和友好。此外，得体的仪表和礼仪也能为你加分不少。整洁的着装、良好的仪态都能让人感受到你的专业和可靠。

最后，持续学习和提升自己，才是有效展示个人魅力的根本所在。无论是知识的积累、技能的提升，还是心理素质的增强，都需要不断地努力和坚持。阅读相关书籍、参加各类培训和研讨会、结交志同道合的朋友等，都是提升自我的有效途径。只有不断充实自己，才能在社交活动中应对自如，展现出最好的一面。

1. 展示自己的重要性

想象一下，你参加了一个社交活动，你的目标是扩大人脉网络。

如果你不能有效地展示自己,别人可能不会记住你,更不用说建立联系了。

2. 展示自己的常见误区

反面案例

自吹自擂:"我是这个领域最厉害的人,我做过很多大项目。"(听众内心:真的吗?你好像有点自恋。)

过多分享私人信息:"我和我的前任是这样分手的……"(听众内心:第一次见面,你跟我说这些干吗?)

缺乏重点:"我最近在做很多事情,比如健身、学法语、旅行……"(听众内心:你到底想说什么?)

正面案例

展示专业性:"我在环保领域工作了五年,专注于可持续发展项目。"(听众内心:这个人看起来很专业。)

适度分享:"我最近在学法语,因为我计划明年去法国旅行。"(听众内心:这个人有目标,也很有趣。)

有重点的介绍:"我是一名软件工程师,业余时间我喜欢摄影。"(听众内心:这个人的工作和爱好都很有趣。)

3. 如何更好地展示自己

步骤一：明确你的目标

确定你想要通过展示自己达到什么目的。

步骤二：了解你的听众

了解听众的兴趣和期望，以便更好地与他们建立联系。

步骤三：准备你的"电梯演讲"

准备一个简短、精练的自我介绍，能够在任何时候快速介绍自己。

步骤四：展示你的价值

强调你的专业技能、成就和独特视角。

步骤五：适度分享个人生活

分享一些个人生活的信息，但要保持适度。

步骤六：练习、练习、再练习

在家中或与朋友进行模拟练习，直到你能够自然流畅地展示自己。

4. 实用技巧

技巧一：使用故事讲述

故事能够帮助人们更好地记住你。

技巧二：注意非语言沟通

肢体语言、面部表情和眼神交流都是沟通的一部分。

技巧三：适应听众

根据听众的反应调整你的介绍方式。

技巧四：适时的幽默

适当的幽默能够让你的介绍更加吸引人。

技巧五：真诚

真诚地对待每一个人，让人们能够感受到你的热情和真诚。

5. 万能公式与讲话稿

> 打招呼："你好，我是×××。"
>
> 简短介绍："我在一家……公司工作，负责……"
>
> 展示价值："我对产品设计有独到的见解，曾……"
>
> 适度分享："业余时间我喜欢……"
>
> 寻找共同点："你呢？你有什么爱好？"
>
> 结束语："很高兴认识你，希望我们能保持联系。"

讲话稿示例

你好，我是×××。

我在一家科技公司工作，负责产品开发。我对产品设计有独到的见解，曾帮助公司成功推出多款产品。业余时间我喜欢登山，享受大自然的宁静。这让我在忙碌的工作之余，能够保持清晰的头脑和充沛的精力。你呢？你有什么爱好？我很乐意听听你的故事。

很高兴认识你，希望我们能保持联系。

| CHAPTER4　社交活动 |

> **总结**
>
> 记住，在社交活动中，有效地展示自己能够让更多的人认识你、记住你，甚至为你带来新的机会。通过明确目标、了解听众、准备"电梯演讲"、展示价值、适度分享和不断练习，你可以在社交活动中更好地展示自己。

CHAPTER 5 增强你的说服力

你要懂一点儿辩论赛技巧

在任何需要说服他人的场合，如会议、演讲或谈判，拥有辩论赛技巧可以显著提高你的说服力。辩论不仅是一种展示逻辑思维和表达能力的方式，更是一门通过结构化的论证和反驳来争取听众认同的艺术。

在会议中，当你需要提出一个关键项目计划时，运用辩论赛中的立论技巧能够帮助你清晰有力地表达观点。你可以首先明确陈述项目的短期和长期目标，随后用数据和事实支持你的观点，并提前预测可能的反对意见并准备好应对策略。这样不仅能展示你的全面思考能力，还能增强同事和领导对你的信任。

在演讲中，辩论技巧同样不可或缺。当面对大量听众时，如何在短时间内吸引他们的注意力并让他们接受你的观点至关重要。你可以运用辩论赛中的开场陈词技巧，通过一个引人入胜的故事或者一组令人惊讶的数据来开场，迅速引起听众的兴趣。接着，按照逻辑顺序展开论述，

CHAPTER5　增强你的说服力

层层递进地剖析论点，并在结尾时用简洁有力的总结再次强调你的核心观点，使听众在演讲结束后仍然铭记在心。

在谈判中，辩论技巧更是决定成败的关键因素之一。谈判不仅是双方利益的博弈，也是心理和智力的较量。通过辩论赛中常见的交叉询问技巧，你可以巧妙地引导对方暴露其立场的薄弱之处，同时强化自己的论点。此外，灵活运用归谬法，即通过夸大对方论点的极端情况来揭示其不合理性，也能有效地削弱对方的论证基础。

辩论赛中的团队合作也是提升说服力的重要因素。在团队辩论中，每个成员都有自己的角色和任务，有人负责立论，有人负责反驳，还有人负责总结陈词。这种分工明确的合作模式可以应用到任何需要协作的场合。例如，在公司内部跨部门合作的项目中，你可以根据每个成员的特长分配任务，确保每个人都能发挥出最佳水平，从而提高整个团队的工作效率和说服力。

此外，辩论赛中的临场应变能力同样值得重视。在突如其来的情况或意外的质疑面前，保持冷静并迅速做出反应是取得胜利的关键。这种能力在现实生活中同样适用。例如，当客户突然提出一个棘手问题时，如果你能迅速组织语言，给出一个有说服力的回答，不仅能化解尴尬，还能赢得客户的尊重和信任。

1. 增强说服力的重要性

想象一下，你在一个会议上提出一个重要的提案，如果缺乏说服力，你的提案可能无法得到足够的支持。相反，如果你能够运用辩论技巧，清晰有力地表达自己的观点，你的提案就有可能获得通过。

2. 说服他人时的常见误区

反面案例

情绪化:"我不同意你的观点,这太荒谬了!"(听众内心:情绪化不能解决问题。)

逻辑混乱:"我觉得……,虽然……,但是……"(听众内心:他的论点不清晰。)

过度攻击:"你的想法完全错误,你根本不懂。"(听众内心:这种攻击性态度让人难以接受。)

正面案例

理性陈述:"我的观点是……,基于以下几点……"(听众内心:他的论据很合理。)

逻辑清晰:"首先,我们来看第一点……;其次,……"(听众内心:他的逻辑很清晰。)

尊重对方:"我理解你的观点,但我有一些不同的见解……"(听众内心:他很尊重我,我愿意听听他的看法。)

3. 如何增强你的说服力

步骤一:明确立场

在运用说服力前,明确自己的立场和目标。

步骤二:准备论据

提前准备充分的论据和数据支持自己的观点。

步骤三：倾听对方

认真倾听对方的观点，寻找可以解释或补充的点。

步骤四：逻辑清晰

确保自己的论点逻辑清晰，易于理解。

步骤五：尊重对方

即使不同意对方的观点，也要保持尊重。

步骤六：适时调整

根据对方的反应和论点，适时调整自己的策略。

4. 实用技巧

技巧一：事实为王

使用事实和数据来支持你的观点。

技巧二：情感共鸣

与听众建立情感联系，让他们感同身受。

技巧三：逻辑框架

构建清晰的逻辑框架，使你的论点更有说服力。

技巧四：反驳技巧

学会有效地反驳对方的观点，而不是人身攻击。

技巧五：身体语言

使用积极的身体语言来增强你的说服力。

5. 万能公式与讲话稿

打招呼："大家好，今天我们要讨论的是……"

明确立场："我坚信……，因为……"
准备论据："让我来阐述几个关键点……"
倾听对方："我理解你的观点，但是……"
逻辑清晰："从逻辑上讲，我们可以看到……"
尊重对方："我尊重你的看法，但我认为……"
适时调整："根据我们刚才的讨论，我建议……"
结束语："我相信通过讨论，我们能够找到一个共同的解决方案。"

讲话稿示例

大家好，今天我们要讨论的是如何提高工作效率。

我坚信引入新的管理系统能够显著提高我们的工作效率，因为数据显示，类似系统在其他公司已经取得了显著成效。让我来阐述几个关键点：首先，新系统可以减少人为错误；其次，它能够使许多流程自动化，从而节省时间。我理解大家可能会担心成本问题，但是从长远来看，这将是一个值得投资的项目。从逻辑上讲，我们可以看到投资新技术带来的长期收益远远超过了初期投资。我尊重任何不同的看法，但我认为我们应该着眼于长远的发展。根据刚才的讨论，我建议我们可以进一步研究这个系统的可行性，并考虑进行一个试点项目。我相信通过讨论，我们能够找到一个共同的解决方案，以提高我们的工作效率。

谢谢大家。

| CHAPTER5　增强你的说服力 |

> **总结**
>
> 记住，在需要说服他人时，运用辩论赛技巧，如明确立场、准备论据、倾听对方、逻辑清晰、尊重对方和适时调整，可以提高你的说服力。通过这些技巧，你可以更有效地表达自己的观点并赢得他人的支持。

千万不要喋喋不休

在需要说服他人的场合，如销售、演讲或谈判中，控制自己的发言节奏和信息量显得尤为关键。那些精通沟通技巧的高手们深知，过度发言不仅无助于传递信息，还可能导致信息过载，使听众感到厌烦和困惑。

首先，控制发言节奏能够确保听众有足够的时间消化和理解所传达的信息。过快的语速会让人应接不暇，而适当的停顿和节奏变化则能引起听众的注意，并强化关键信息。例如，在演讲过程中，通过适时的暂停和语气的变化，可以突出重点，帮助听众更好地记住重要内容。

其次，控制信息量的重要性不容忽视。过多的信息会让听众感到信息过载，难以抓住核心要点。因此，精简和聚焦是有效沟通的关键。在准备发言时，应该明确核心信息，并通过简洁明了的语言将其表达出来，避免使用冗长复杂的句子和专业术语，以确保所有听众都能轻松理解。

有效的沟通不仅仅在于传递信息，更在于激发听众的兴趣和共鸣。使用生动的案例、故事或实际数据，可以使抽象的概念变得具体可感，从而增强说服力。此外，通过提问和互动，引导听众思考和参与，也能提升沟通效果。

1. 避免喋喋不休的重要性

想象一下，你正在听一个演讲（或听别人讲话），如果演讲者一直在不停地讲话，没有给听众留下思考的空间，那么你可能会感到疲惫和失去兴趣。相反，如果演讲者能够简洁明了地传达信息，那么你更有可能被说服。

2. 喋喋不休的常见误区

反面案例

> 冗长发言："这个问题很复杂，首先我们要考虑……，然后是……，还有……"（听众内心：他到底什么时候能讲到重点？）
>
> 重复观点："我刚才提到了……，现在我想再次强调……"（听众内心：我知道了，不用再重复了。）
>
> 缺乏重点："我今天想讲的有很多，比如……，还有……"（听众内心：他到底想说什么？）

| CHAPTER5　增强你的说服力 |

正面案例

简洁有力:"我们的研究显示,这个产品可以提高效率30%。"(听众内心:这个数据很有说服力。)

重点突出:"我今天只想讨论最重要的三点。"(听众内心:我喜欢这种直接的方式。)

适时停顿:"这是一个重要的决定,我想给大家一点时间思考。"(听众内心:他给了我们消化信息的时间。)

3. 如何避免喋喋不休

步骤一:明确核心信息

在发言前,确定你想要传达的一到两个核心信息。

步骤二:精简内容

去除不必要的细节和重复的观点。

步骤三:适时停顿

在关键信息后适时停顿,给听众留下思考的空间。

步骤四:倾听反馈

给予听众提问和反馈的机会。

步骤五:观察反应

注意听众的反应,根据需要调整你的发言。

步骤六:总结要点

在发言结束前,简洁地总结要点。

4. 实用技巧

技巧一：事先准备

事先准备好你的发言要点。

技巧二：使用提示

使用笔记或提示卡帮助自己记住要点。

技巧三：练习发言

在镜子前或朋友面前练习发言。

技巧四：注意时间

留意发言时间，确保不会过长。

技巧五：使用视觉辅助工具

如果场合允许，使用幻灯片或其他视觉辅助工具来传达信息。

5. 万能公式与讲话稿

> 打招呼："大家好，我很高兴有机会在这里发言。"
>
> 明确核心信息："今天，我只想讨论三个关键点。"
>
> 精简内容："首先，……；其次，……；最后，……"
>
> 适时停顿："这些是我们的主要观点，请大家思考一下。"
>
> 倾听反馈："我想听听大家的看法。"
>
> 观察反应："看起来大家对……很感兴趣，我们来详细讨论一下。"
>
> 总结要点："总结一下，我们讨论了……"
>
> 结束语："感谢大家的聆听，希望我的发言对你们有所帮助。"

| CHAPTER5　增强你的说服力 |

讲话稿示例

大家好，我很高兴有机会在这里发言。

今天，我只想讨论三个关键点。首先，我们的市场分析显示，新产品有巨大的潜力；其次，我们的团队已经准备好迎接这个挑战；最后，我们有一套全面的营销策略来推广这个产品。这些是我们的主要观点，请大家思考一下。我想听听你们的看法。看起来大家对第二点很感兴趣，我们来详细讨论一下。总结一下，我们讨论了市场潜力、团队准备情况和营销策略。

感谢大家的聆听，希望我的发言对大家有所帮助。

> **总结**　记住，在发言时避免喋喋不休，保持简洁和重点突出，是增强说服力的关键。通过明确核心信息、精简内容、适时停顿、倾听反馈、观察反应和总结要点，可以使你的发言更有影响力。

少即是多

在当今这个竞争激烈的时代，沟通的艺术显得尤为重要。无论是在商业谈判、公共演讲还是日常交流中，能够高效传达信息的人往往更容易获得他人的认可和支持。而在沟通和说服的过程中，简洁的语言常常比冗长的发言更为有效。

简洁的语言并不意味着内容的贫乏，相反，它要求说话者具备高度的概括能力和清晰的逻辑思维。通过最少的词汇传达出最多的信息，不仅能够迅速抓住听众的注意力，还能避免信息的过度负载，使听众更容易理解和记住所传达的核心内容。

高手们深知这种用最少的词语传达最多信息的艺术。他们知道，每一个词语的选择都至关重要，都应该精确无误，直击要害。这样的语言不仅具备冲击力，还能够在短时间内让听众接受并认同自己的观点。

增强说服力的关键在于清晰地表达观点和提供有力证据。简洁的语言能够更加集中地展示我们的理由和事实依据，从而打动听众。此外，简洁的语言也更能体现出说话者的自信和权威，这对赢得听众的信任尤为重要。

1. 话语少即是多的重要性

想象一下，你在听一个演讲（或听一个朋友讲话），如果演讲者用几句话就让你明白他的观点，那么你更容易被说服。相反，如果演讲者啰唆且没有重点，那么你可能会失去兴趣。

2. 话语过多的常见误区

反面案例

冗余信息："正如我之前提到的，而且我想再次强调，这个观点非常重要，那就是……"（听众内心：他到底想说什么？）

缺乏重点："我今天想谈谈这个话题，还有那个问题，顺便说一下，还有另一件事情……"（听众内心：他的观点是什么？）

过度解释："这个概念，你知道的，它有点复杂，但是我会尽量简化，它实际上是这样的……"（听众内心：太啰唆了，我没听懂。）

正面案例

直击要点："我们的研究表明，这种新材料能提高能效20%。"（听众内心：我喜欢这种直接的方式。）

重点突出："我们的目标是提高客户满意度，这是我们今年的首要任务。"（听众内心：很明确的目标。）

简洁明了："我相信这个决策将为我们带来长期利益。"（听众内心：这个观点很清晰。）

3. 如何让你的话语少即是多

步骤一：明确核心信息

确定你想要传达的主要信息。

步骤二：去除多余词汇

删除不必要的词汇和重复的语句。

步骤三：使用简洁的语言

使用简单、直接的语言来表达你的观点。

步骤四：练习简洁表达

练习如何用几句话概括你的主要观点。

步骤五：多用动词，尽量避免形容词与副词

在使用言语的时候，多用动词表达，去除可有可无的修饰语。

步骤六：三分钟法则

试着在三分钟之内将你所要表达的内容讲清楚。

4. 实用技巧

技巧一：平时多练

平时要多练习，明确"少即是多"。

技巧二：一次一件

尽量做到一次只讲一件事

技巧三：重点突出

强调关键信息，确保它们不会被其他细节淹没。

技巧四：练习发言

练习发言，直到能够流畅地传达你的信息。

技巧五：保持整洁

营造整洁有序的办公和生活环境，有助于简洁思考。

5. 万能公式与讲话稿

> 打招呼："大家好，很高兴今天有机会发言。"
> 明确核心信息："今天，我只想讨论一个关键点……"
> 去除多余词汇："这个观点基于……"
> 使用简洁的语言："简而言之，这意味着……"
> 注意听众反应："我想确认大家是否理解……"

| CHAPTER5　增强你的说服力 |

> 适时地停顿："给大家一点儿时间思考……"
> 结束语："感谢大家的聆听，希望我的发言对大家有所启发。"

讲话稿示例

大家好，很高兴今天有机会发言。

今天，我只想讨论一个关键点：如何提高我们的工作效率。这个观点基于我们团队最近的一项研究，我们发现……简而言之，这意味着通过优化流程，可以节省30%的时间。我想确认大家是否理解这一点，因为我认为这对我们团队来说非常重要。给大家一点儿时间思考，我希望听到大家的想法和反馈。

感谢大家的聆听，希望我的发言对大家有所启发。

总结

记住，在说服他人时，简洁的语言往往比冗长的发言更有效。通过明确核心信息、去除多余词汇、使用简洁的语言、练习简洁表达、注意听众反应和适时的停顿，可以使你的发言更有说服力。

如何让自己的言语更加犀利

那些擅长言辞的高手们深知，通过精练和有力的语言，可以更有效地吸引听众的注意力并说服他们。

首先，精练的语言能够使信息更加简洁明了。在面对有限的时间或注意力的情况下，冗长而复杂的话语往往会让人感到困惑和失去兴趣。相反，精练的语言能够直击要害，迅速传达核心信息，让听众在短时间内理解并记住你的观点。

其次，有力的语言能够增强说服力。当我们用充满自信和力量的语言表达观点时，往往能够激发听众的情感共鸣，增强我们的说服力。比如，在销售过程中，通过生动形象的描述和有力的措辞，你可以更好地展示产品的价值和优势，吸引客户的兴趣并促使他们做出购买决定。

再次，使用故事和例子也是提升说服力的有效方法。故事和具体的例子能够让抽象的道理变得形象易懂，帮助听众更好地理解和记住你的观点。例如，在谈判中，通过讲述一个成功的案例或者引用相关数据，你可以更有说服力地展示你的方案或提议的优势。

最后，适时的幽默也能为你的言语增色不少。幽默能够缓解紧张的气氛，拉近与听众的距离，使你的言辞更加亲切自然。需要注意的是，幽默的使用要适度且恰当，以免引起误解或冒犯他人。

CHAPTER5　增强你的说服力

1. 言语犀利的重要性

想象一下,你在进行一场销售演讲,如果你的言语模糊不清,听众可能不会对你推介的产品感兴趣。相反,如果你的言语犀利、直击要点,那么听众更可能被你说服。

2. 言语不犀利的常见误区

反面案例

含糊其词:"这个产品,嗯,它挺好的,真的。"(听众内心:到底好在哪里?)

缺乏力度:"我们可能会提供一些解决方案,也许。"(听众内心:他们真的知道自己在说什么吗?)

过于复杂:"我们的产品采用了最新尖端科技,通过复杂的算法实现了前所未有的功能。"(听众内心:听不懂,跟我有什么关系?)

正面案例

直击要点:"应用这款产品能节省你50%的时间,提高工作效率。"(听众内心:这个很有用。)

明确承诺:"我们保证,如果产品不符合您的期望,30天内无条件退款。"(听众内心:这个承诺很有力。)

简化信息:"简而言之,这个产品能帮你赚更多、省更多。"(听众内心:我喜欢简单直接的信息。)

3. 如何让自己的言语更加犀利

步骤一：明确目标

在发言前，明确你想要说服听众做什么。

步骤二：提练关键信息

确定你想要传达的一到两个关键信息。

步骤三：使用强有力的词汇

选择能够引起听众情感共鸣的词汇。

步骤四：简化复杂概念

将复杂的概念简化为易于理解的语言。

步骤五：练习、练习、再练习

通过练习来提高你的表达能力和说服力。

步骤六：观察听众反应

根据听众的反应调整你的言语和表达方式。

4. 实用技巧

技巧一：使用故事

用故事来传达你的信息，故事能够让你的言语更加生动。

技巧二：提问引导

通过提问来引导听众思考，让他们自己得出结论。

技巧三：使用比喻

用比喻来简化复杂的概念，让信息更容易被理解。

技巧四：强化语气

在关键点上使用强调语气，让信息更有力度。

技巧五：适当停顿

在重要的信息后适当停顿，让听众有时间消化。

5. 万能公式与讲话稿

> 打招呼："大家好，很高兴今天有机会和大家分享。"
>
> 明确目标："我的目标是让大家了解我们的产品如何改变用户的生活。"
>
> 提炼关键信息："关键在于，我们的产品能为你节省时间，提高效率。"
>
> 使用强有力的词汇："我们承诺……，保证……，确保……"
>
> 简化复杂概念："简单来说，它能让你的工作更轻松。"
>
> 练习、练习、再练习："我相信通过不断改进，我们的服务将无可挑剔。"
>
> 观察听众反应："大家有什么问题？我在这里解答。"
>
> 结束语："感谢大家的倾听，希望你们能考虑我们的产品。"

讲话稿示例

大家好，很高兴今天有机会和大家分享。

我的目标是让大家了解我们的产品如何改变用户的生活。关键在于，我们的产品能为你节省时间，提高效率。我们承诺，如果你对我们的服务不满意，我们将全额退款。简单来说，它能让你的工作更轻松。我相信通过不断改进，我们的服务将无可挑剔。大家有什么问题？我在这里解答。

感谢大家的倾听，希望你们能考虑我们的产品。

> **总结**
> 记住，在说服他人时，让自己的言语更加犀利和有力是至关重要的。通过明确目标、提炼关键信息、使用强有力的词汇、简化复杂概念、练习和观察听众反应，可以使你的言语更有说服力。

说服更需要倾听

在说服他人的过程中，倾听扮演着举足轻重的角色。实际上，倾听的重要性往往超越了单纯的言语表达。说服高手们深知，真正强大的说服力源自对对方需求的深刻理解和对其情感的敏锐感知。只有认真倾听，才能洞察对方内心的需求和感受，从而有的放矢地提出自己的观点，达到事半功倍的效果。

倾听不仅是一种礼貌和尊重的表现，更是一种智慧的体现。当我们全神贯注地聆听对方讲话时，不仅仅是在被动地接收信息，更是在积极地思考和分析。这种深度的倾听能够帮助我们捕捉到那些微妙的线索，

| CHAPTER5　增强你的说服力 |

理解对方的立场、动机以及潜在的担忧和期待。有了这些宝贵的信息，我们就能更加精准地定位自己的论点，确保我们的言辞能够切中要害，引起对方的共鸣。

此外，倾听还是建立信任和亲密关系的关键。当人们感受到自己的讲话被听见、被理解时，他们往往会敞开心扉，分享更多的想法和感受。这种开放和信任的氛围，为说服工作铺平了道路，使得我们的观点更容易被接受和采纳。

1.倾听在说服中的重要性

想象一下，你在向客户推销产品，如果你只是不停地介绍产品特性，而没有倾听客户的需求，那么你的说服可能不会成功。相反，如果你能够倾听客户的反馈，并根据他们的需求调整自己的推销策略，那么你更有可能说服他们。

2.缺乏倾听的常见误区

反面案例

忽视反馈："我明白你的意思，但我要告诉你的是……"（客户内心：他根本没听我说什么。）

打断发言："等一下，我有个更好的主意……"（客户内心：他太急于表达自己了。）

只听不说："嗯，好的，你继续说……"（客户内心：我需要他的意见，不只是听我说。）

> **正面案例**
>
> 积极倾听:"你提到的问题很重要,我们有特别的解决方案……"(客户内心:他真的理解我。)
>
> 不打断:"请继续,我在听。"(客户内心:他尊重我的意见。)
>
> 提供反馈:"根据你的需求,我认为……"(客户内心:他给出了针对性的建议。)

3. 如何在说服中更好地倾听

步骤一:保持开放心态

在对方讲话时,保持开放心态,不要预先设定结论。

步骤二:全神贯注

认真倾听对方的话,不要分心。

步骤三:避免打断

让对方说完,不要打断他们的思路。

步骤四:提供反馈

通过点头、眼神交流等方式给予对方反馈。

步骤五:重复确认

用自己的话重复对方的观点,确认自己理解正确。

步骤六:针对性回应

根据对方的需求和观点,提出针对性的回应。

4. 实用技巧

技巧一：提问

通过提问来引导对方提供更多信息。

技巧二：同理心

站在对方的角度考虑问题。

技巧三：非语言沟通

使用肢体语言表明你在倾听。

技巧四：避免预设立场

不要带着自己的预设立场去听对方说话。

技巧五：适时总结

在对方讲完后，总结他们的观点，确保自己理解正确。

5. 万能公式与讲话稿

> 打招呼："你好。"
>
> 保持开放心态："我想听听你们的看法。"
>
> 全神贯注："请继续，我在认真听。"
>
> 避免打断："我理解你的观点，你能再详细说明一下吗？"
>
> 提供反馈："根据我听到的，你的主要关注点是……，对吗？"
>
> 重复确认："如果我理解正确，你希望我们……"
>
> 针对性回应："针对你的需求，我认为我们可以这样……"
>
> 结束语："感谢……"

讲话稿示例

你好!

我想听听你的看法,你对这个项目有什么期望?……请继续,我在认真听。我理解你的观点,你能再详细说明一下吗?根据我听到的,你的主要关注点是质量控制和成本效益,对吗?如果我理解正确,你希望我们在保证质量的同时,也控制好成本。针对你的需求,我们可以通过优化流程和采用新技术来实现。

感谢你的分享,相信我们能找到一个双方都满意的解决方案。

总结

记住,在说服他人时,倾听同样重要。通过保持开放心态、全神贯注、避免打断、提供反馈、重复确认和针对性回应,你可以更有效地理解对方的需求,并据此提出有说服力的观点。

CHAPTER 6 有效职场沟通

让上级重视你

每一位职场人士都渴望自己的才华和价值被看见、被认可。有效的沟通技巧，就如同一把锋利的剑，能够帮助你划破迷雾，让你的能力与潜力在众多同事中脱颖而出，从而赢得上级的青睐与重视。

那些职场高手们深知，沟通不仅仅是言语的交流，更是一种智慧的展现。他们明白，通过恰当的沟通方式，不仅能够清晰、准确地传达自己的想法和观点，还能够倾听他人的声音，理解他人的立场，从而建立起良好的人际关系。这种人际关系的建立，不仅有助于提升团队的凝聚力和执行力，还能够让自己在团队中的影响力逐渐扩大。

这些高手们还懂得，沟通的方式多种多样，既包括正式的会议发言、工作汇报，也包括非正式的日常交流、闲聊等。无论是哪种形式的沟通，他们都能够灵活应对，游刃有余。他们知道何时该直言不讳，何时又该委婉含蓄；何时该坚持己见，何时又该妥协退让。这种灵活多变的沟通方式，让他们在职场中如鱼得水，备受瞩目。

1. 有效沟通的重要性

想象一下，你在一个团队中工作，每个人都有机会向领导汇报工作。但如果你的汇报总是缺乏重点或者表达不清，领导可能不会对你的工作给予足够的重视。相反，如果你能够清晰、有力地表达自己的观点和成果，上级自然会对你刮目相看。

2. 跟上级沟通的常见误区

反面案例

缺乏重点："我最近做了很多事情，比如……，还有……"（上级内心：到底想表达什么？）

过于谦虚："我可能做得不够好，但我会尽力的。"（上级内心：缺乏自信，难以托付重任。）

过度自夸："我做的这个项目绝对是最好的。"（上级内心：过于自负，缺乏团队精神。）

正面案例

清晰表达："我完成了这个项目，达到了预期目标，并且发现了一些需要改进的地方。"（上级内心：工作有成效，且有自我提升的意识。）

适度自信："我相信我的方案能够解决这个问题，我愿意承担

CHAPTER6 有效职场沟通

> 这个任务。"（上级内心：有担当，值得信赖。）
>
> 团队精神："我们团队在这个项目上付出了很多努力，我认为我们可以做得更好。"（上级内心：有团队意识，懂得合作。）

3. 如何在职场中有效沟通

步骤一：明确目标

在与上级沟通前，明确自己想要传达的核心信息和目标。

步骤二：准备充分

提前准备好相关的数据、案例和解决方案，以便在沟通时能够清晰表达。

步骤三：倾听上级

在上级发言时，认真倾听，理解上级的需求和期望。

步骤四：简洁明了

在表达自己的观点时，尽量简洁明了，避免冗长和复杂。

步骤五：展现价值

强调自己的工作成果和对团队的贡献，展现自己的价值。

步骤六：主动沟通

主动与上级沟通，表达自己的想法和建议。

4. 实用技巧

技巧一：提前准备

提前准备好沟通的内容和可能遇到的问题。

技巧二：适时展示

在适当的时机展示自己的工作成果和专业能力。

技巧三：正面表达

即使面对困难，也要正面表达自己的解决方案和积极态度。

技巧四：建立信任

通过一贯的可靠表现建立上级对自己的信任。

技巧五：注意非语言沟通

注意自己的肢体语言和面部表情，确保它们传达出积极和自信的信息。

5. 万能公式与讲话稿

打招呼："领导您好。"

明确目标："我今天想讨论的是……"

展示成果："在最近的工作中，我们团队取得了……的成绩。"

倾听上级："我想听听您……"

适度自信："我相信……"

展现价值："这个……"

主动沟通："我愿意承担更多的责任，为团队做出更大的贡献。"

结束语："希望我们能够共同努力，实现团队的目标。"

CHAPTER6　有效职场沟通

讲话稿示例

领导：您好！

我今天想讨论的是我们团队最近完成的项目，我们不仅按时完成了任务，还超出了预期目标，并且我发现了一些可以改进的地方。我想听听您对这个方案的看法，我相信它能够有效地提升我们的工作效率。相信我的方案能够有效解决问题，我已经准备好了相关的数据和案例来支持我的观点。我们团队在这个项目上付出了很多努力，我认为我们可以做得更好。我愿意承担更多的责任，为团队做出更大的贡献。希望我们能够共同努力，实现团队的目标。

谢谢领导。

> **总结** 记住，在职场中发言，保持清晰、自信的态度，避免无效沟通，是获得上级重视的关键。通过明确目标、准备充分、倾听上级、简洁明了、展现价值和主动沟通，可以让上级更加重视你的工作和能力。

让平级同事尊重你

在职场中，和平级同事的沟通同样至关重要。这种沟通不仅会影响你的工作氛围，还可能对你的职业发展产生深远的影响。职场高手们知道，通过有效的沟通，不仅可以赢得同事的尊重和信任，还能更好地完成工作任务。

与平级同事的有效沟通能够创造一个和谐、积极的工作环境。友好且合作的氛围有助于大家在面对挑战时保持积极的态度，共同寻找解决方案。此外，良好的沟通可以消除误解，减少不必要的矛盾和冲突，使每个人都能在一个相对轻松的环境中工作，这无疑会提升整体的工作效率。

有效沟通是建立信任的基础。当同事之间互相信任时，他们更愿意分享信息和资源，从而更高效地完成团队目标。信任还可以带来更强的团队凝聚力，使团队成员在面对困难时能够齐心协力，共同克服。

与平级同事的有效沟通还能够为个人的职业发展提供助力。拥有良好的人际关系网，意味着你在需要帮助或建议时，可以更容易获得支持。这不仅有助于更快地解决问题，也能让你在职业发展中有更多的机会。此外，良好的沟通能力也是许多高级职位所要求的重要软技能之一，展示出卓越的沟通能力，将有助于你在职场晋升中脱颖而出。

1. 赢得同事尊重的重要性

想象一下，你在一个团队中工作，如果同事之间缺乏尊重和理解，团队的合作和沟通就会变得困难。相反，如果每个人都能够相互尊重，积极沟通，那么团队的协作效率和工作氛围都会大大提升。

2. 跟平级同事沟通的常见误区

命令式沟通："你必须要这样做，没有商量的余地。"（同事

内心：太强硬了，不考虑别人的感受。）

忽视他人意见："我觉得这个方案很好，你们不用担心。"（同事内心：为什么不听听我们的意见呢？）

过度竞争："我比你更了解这个项目，应该由我来负责。"（同事内心：太以自我为中心了吧，缺乏团队精神。）

正面案例

尊重他人："我想听听你对这个问题的看法，你有什么建议？"（同事内心：他很尊重我的意见，我愿意和他合作。）

开放性沟通："我认为这个方案有优点，但也有改进的空间，你怎么看？"（同事内心：他很客观，愿意接受不同意见。）

团队精神："我们是一个团队，我相信大家能够共同解决这个问题。"（同事内心：他很重视团队合作，我愿意支持他。）

3. 如何在职场中赢得同事的尊重

步骤一：倾听

在沟通时，先倾听同事的意见和需求。

步骤二：尊重差异

认识到每个人都有不同的观点和工作方式。

步骤三：开放性沟通

表达自己的观点时，也要让同事发表意见。

步骤四：建立信任

通过诚实和可靠的行为建立同事间的信任。

步骤五：提供帮助

当同事需要帮助时，主动提供支持。

步骤六：正面反馈

对同事的工作给予正面的反馈和认可。

4. 实用技巧

技巧一：倾听和理解

在沟通时，确保你真正理解了同事的观点。

技巧二：清晰表达

确保你的沟通清晰、简洁，避免不必要的误会。

技巧三：积极反馈

及时给予同事积极的反馈和鼓励。

技巧四：适度谦虚

在展示自己的成就时，也要保持适度的谦虚。

技巧五：团队导向

在沟通和决策时，始终以团队的利益为先。

5. 万能公式与讲话稿

> 打招呼："大家好。"
>
> 表达尊重："我想听听你对这个问题的看法……"
>
> 开放性沟通："我认为……，你怎么看？"
>
> 团队精神："我们是一个团队……"
>
> 提供帮助："如果你需要帮助，随时告诉我。"
>
> 正面反馈："你的工作做得很好，我很欣赏你的努力。"

CHAPTER6　有效职场沟通

讲话稿示例

大家好，很高兴今天有机会和大家一起讨论。

我想听听大家对这个问题的看法，大家有什么建议吗？我相信我们团队的智慧能够找到最佳解决方案。我认为这个方案有优点，但也有改进的空间，大家怎么看？我愿意听取不同的意见，以便我们能够做出更好的决策。我们是一个团队，我相信我们能够共同解决这个问题。每个人的贡献都是宝贵的，我们应该相互支持。如果需要帮助，随时告诉我，我愿意提供我的支持，因为成功取决于团队的共同努力。希望我们能够继续保持这种积极的沟通和合作精神，共同推动我们团队向前发展。

谢谢大家。

> **总结**
> 记住，在职场中发言，保持尊重和开放的态度，是赢得同事尊重的关键。通过倾听、尊重差异、开放性沟通、建立信任、提供帮助和正面反馈，你可以让团队的沟通更加顺畅，工作氛围更加和谐。

让下级跟随你

在职场中，身为领导者的沟通方式对于团队的凝聚力和执行力有着至关重要的影响。真正的高手深知，通过有效的交流，可以赢得下级的信任和支持，从而带领团队走向成功。

有效的沟通不仅仅是传递信息那么简单，它涉及情感的交流、理解的共鸣以及目标的一致。一个善于沟通的领导者能够清晰地表达自己的想法，同时也愿意倾听团队成员的意见，从而建立起一种双向互动的信任关系。在这样的氛围下，团队成员会感受到被尊重和重视，进而更加积极地投入到工作中。

要建立高效的沟通，领导者需要具备良好的倾听技巧。倾听不仅仅是听到对方说了什么，更重要的是理解对方的意图和需求。通过积极倾听，领导者可以更好地把握团队的脉搏，及时发现并解决问题，避免小问题演变成大麻烦。同时，倾听也能够激发团队成员的积极性和创造力，让他们更愿意分享自己的观点和建议。

除了倾听，有效的沟通还需要领导者具备清晰表达的能力。在传达指令或布置任务时，语言应该简洁明了，避免模糊不清或者过于复杂地表达。这样可以减少误解和错误的发生，提高工作效率。此外，领导者还应该注重非语言沟通，如肢体语言、面部表情等，这些都能传递出重

CHAPTER6　有效职场沟通

要的信息，有助于增强沟通的效果。

沟通高手们还懂得如何运用反馈来提升沟通效果。及时给予团队成员积极的反馈，不仅可以增强他们的自信心，还能够帮助他们更好地了解自己的工作表现，找到改进的方向。同时，领导者应该鼓励团队成员之间的沟通与反馈，形成良性互动，促进团队的成长和发展。

在面对困难和挑战时，领导者的沟通方式尤为重要。他们需要通过坚定而有力的语言，传递信心和力量，让团队成员相信无论遇到什么问题，大家都能够共同克服。这种正面的沟通能够增强团队的凝聚力，激发大家的潜能，从而实现目标。

1. 赢得下级跟随的重要性

想象一下，你是一个团队的领导者，如果你的沟通方式不能让团队成员感到被尊重和理解，那么团队的士气和效率可能会受到影响。相反，如果你能够通过沟通展示你的领导力，团队成员会更愿意跟随你。

2. 跟下级沟通的常见误区

反面案例

忽视反馈："我已经决定了，你们只需要执行。"（下级内心：我们的意见不重要吗？）

缺乏鼓励："这个结果还不够好，你们需要更加努力。"（下级内心：我们已经很努力了，为什么没有得到认可？）

过于严厉："如果你们不能按时完成任务，就会受到惩罚。"（下级内心：这样的压力让我们感到害怕。）

正面案例

> 积极反馈:"你们的努力我都看在眼里,这个项目的成功离不开你们的贡献。"(下级内心:我们的努力得到了认可。)
>
> 鼓励创新:"希望你们提出新的想法,团队的进步需要每个人的智慧。"(下级内心:我们的意见被重视,我们愿意贡献自己的想法。)
>
> 支持与信任:"我相信你们能够解决这个问题,如果需要帮助,我随时恭候。"(下级内心:领导信任我们,我们愿意接受挑战。)

3. 如何在职场中赢得下级的跟随

步骤一:展示愿景

向团队成员清晰地展示团队的目标和愿景。

步骤二:倾听反馈

认真倾听团队成员的意见和建议。

步骤三:鼓励参与

鼓励团队成员参与决策,让他们感到自己是团队的重要一员。

步骤四:提供支持

在团队成员需要帮助时提供支持。

步骤五:认可成就

公开认可团队成员的努力和成就。

步骤六:建立信任

通过一贯的言行一致的工作作风建立信任。

4. 实用技巧

技巧一：正面激励

使用正面的语言激励团队成员。

技巧二：共享成功

与团队成员共享成功的喜悦和成果。

技巧三：透明沟通

保持沟通的透明度，让团队成员了解任务的进展和挑战。

技巧四：个性化关怀

了解团队成员的个人需求和职业发展目标。

技巧五：适时放权

适当地放权给团队成员，让他们有机会独立完成任务。

5. 万能公式与讲话稿

打招呼："大家好，感谢你们的努力和贡献。"

展示愿景："我们的目标是……"

倾听反馈："我想听听你们对这个计划的看法……"

鼓励参与："每个想法都是宝贵的……"

提供支持："如果你们在执行过程中遇到困难，我将提供全力支持。"

认可成就："你们的努力我都看在眼里，你们是团队的骄傲。"

结束语："让我们一起努力，实现我们的目标。"

讲话稿示例

大家好，感谢你们的努力和贡献。

我们的目标是提高自身的服务质量，我相信我们能够一起实现它。我想听听你们对这个计划的看法，有什么建议？每个想法都是宝贵的，希望你们积极参与讨论。我们是一个团队，团队的成功需要每个人的智慧和努力。如果你们在执行过程中遇到困难，我将提供全力支持。相信你们能够解决任何问题。你们的努力我都看在眼里，你们是团队的骄傲。你们的每一个进步都是我们团队宝贵的财富。让我们一起努力，实现我们的目标。我相信，只要团结一致，没有什么是我们做不到的。

> **总结**
>
> 记住，在职场中发言，展示你的领导力和对团队的信任，是赢得下级跟随的关键。通过展示愿景、倾听反馈、鼓励参与、提供支持、认可成就和建立信任，你可以带领团队取得更大的成功。

| CHAPTER6　有效职场沟通 |

让客户喜欢你

职场高手们都知道，有效的沟通可以赢得客户的信任和喜爱，促进业务的发展。他们注重每一个细节，从初次接触到后续的每一次交流，都力求做到专业、真诚且富有人情味。比如，在与客户进行初次会面时，他们会提前准备，了解客户的背景和需求，从而在交谈中能够有的放矢地提供解决方案。

真正的高手懂得倾听，他们不会一味地推销自己的产品或服务，而是专注于理解客户的实际需求和痛点。通过耐心倾听，他们能够获取更多的信息，并为客户提供更为精准的建议。这种关注客户需求的态度，不仅能让客户感受到被尊重，还能为后续的合作奠定良好的基础。

保持积极的态度和拥有专业的知识也是沟通中不可或缺的元素。客户总是希望与那些充满活力和自信的人合作。因此，在沟通中表现出对工作的热情和对公司产品或服务的深刻理解，会让客户更加信赖你。同时，不断更新自己的专业知识，以应对客户可能提出的各种问题和挑战，也是非常重要的。

值得一提的是，建立长期的客户关系离不开跟进与反馈。职场高手们通常会在每次沟通后进行总结，并在适当的时候回访客户，了解其最新的需求和意见。这种主动的服务态度不仅能提升客户的满意度，还能为未来的合作创造更多机会。

1. 赢得客户喜爱的重要性

想象一下，你正在与一个潜在客户会面，如果沟通过程中你能够展现出专业、热情和真诚，那么客户更有可能选择与你合作。相反，如果沟通生硬、缺乏诚意，那么客户可能会选择其他供应商。

2. 跟客户沟通的常见误区

反面案例

过于推销："我们的产品是最好的，你一定要买。"（客户内心：感觉在被强迫。）

缺乏耐心："如果你现在不决定，就会错过这次优惠。"（客户内心：我需要时间考虑。）

忽视需求："我们的产品功能很多，肯定能满足你的需求。"（客户内心：但我需要的是解决特定问题。）

正面案例

倾听需求："我了解到您需要解决的问题，我们的产品可以提供帮助。"（客户内心：他们理解我的需求。）

提供解决方案："针对您的情况，我建议采用这样的方案。"（客户内心：他们提供了专业的建议。）

建立关系："我们很重视与您的合作，希望未来能有更多的合作机会。"（客户内心：他们看重与我的关系。）

3. 如何赢得客户的喜欢

步骤一：了解需求

在沟通前，了解客户的需求和期望。

步骤二：展现专业

通过专业知识和经验，展现你的专业性。

步骤三：真诚倾听

认真倾听客户的意见和建议。

步骤四：提供价值

确保你的产品或服务能够为客户带来价值。

步骤五：建立信任

通过诚实和透明的沟通建立信任。

步骤六：持续跟进

会谈后，持续跟进，确保客户的需求得到满足。

4. 实用技巧

技巧一：个性化沟通

根据客户的背景和需求，确定你的沟通方式。

技巧二：积极肯定

对客户的观点给予积极的肯定。

技巧三：展现同理心

站在客户的角度考虑问题，展现同理心。

技巧四：适时幽默

在适当的时候使用幽默的语言，缓解紧张气氛。

技巧五：保持专注

沟通时保持专注，避免分心。

5. 万能公式与讲话稿

> 打招呼："您好。"
>
> 了解需求："我了解到您正在寻找……，我们的产品可以提供帮助。"
>
> 展现专业："针对您的情况……"
>
> 真诚倾听："我想听听您对这个问题的看法。"
>
> 提供价值："我们的产品可以为您带来……的好处。"
>
> 建立信任："我们很重视……"
>
> 结束语："期待我们的合作能够让您满意。"

讲话稿示例

您好，很高兴有机会与您交流。

我了解到您正在寻找提高效率的解决方案，我们的产品可以提供帮助。

针对您的情况，我建议这样的方案。我想听听您对这个问题的看法。我们的产品可以让您节约成本和提高效率。我们很重视与您的合作，希望未来能有更多的合作机会。期待我们的合作能够让您满意。

再次感谢您抽出宝贵时间与我交流，期待您的反馈。

CHAPTER6　有效职场沟通

总结

记住,与客户沟通时,展现出你的专业、真诚和价值,是赢得客户喜欢的关键。通过了解需求、展现专业、真诚倾听、提供价值、建立信任和持续跟进,可以让客户更愿意与你合作。

CHAPTER 7 酒桌上的发言

说好场面话，宴会不冷场

在盛大的宴会或正式的酒桌上，发言不仅是一种表现自己的方式，更是一门独特的艺术。那些精通此道的高手们，总能在这种场合游刃有余，凭借其独特的语言魅力和敏锐的洞察力，让整个气氛变得热烈而愉快，从而避免冷场的尴尬局面。

在任何发言之前，了解清楚场合的背景至关重要。是公司年会、朋友聚会还是商务宴请？不同的场合对发言的内容和语气有不同的要求。比如，在公司年会上，发言需要总结过去的成绩和未来的目标，而朋友聚会则多谈论一些轻松幽默的话题。

了解在场人员的身份和背景，有助于调整发言的内容和风格。面对上司、同事、客户或朋友，应根据他们的性格和喜好来定制发言的内容，确保能够引起他们的共鸣。

发言前应有一个明确的主线，围绕这个主线展开内容，避免跑题。

| CHAPTER 7　酒桌上的发言 |

比如，感谢、祝福、回忆、展望等都是常见的主题。清晰的主题能让来宾更容易理解和记住你的发言。

用具体的例子和故事来支撑你的主题，使你的发言生动，具有感染力。比如，可以分享一个过去一年中难忘的经历，或者讲述一个团队合作的成功案例。

恰当地使用比喻、排比、反问等修辞手法，可以使发言更具文采和感染力。例如，"这一年我们经历了风雨，也看到了彩虹；感受到了挑战，也迎来了机遇。"这样的表达能瞬间抓住来宾的注意力。

根据发言内容调整语速和语调，关键部分放慢语速、加重语气，能使听众更好地理解并记住你的发言。同时，适当的停顿也能制造悬念，激发来宾的兴趣。

通过提问或邀请来宾分享自己的观点，可以增加发言的互动性，避免一言堂的局面。例如，"大家还记得去年我们一起完成的那个项目吗？不妨分享一下你们的感受吧！"

在互动环节中，认真倾听他人的发言并给予积极的回应，不仅能体现你对别人的尊重，也能激发更多有价值的讨论，提升整个活动的质量。

适度的自嘲不仅能展现你的自信和随和，还能拉近与来宾的距离。例如，"我可是我们部门著名的'加班专业户'，但看到项目顺利完成，一切都值得了。"

无论发言内容是什么，都要表现出你的真诚和真实感受。来宾能感受到你的真挚，自然会更加认真听你讲。例如，表达感谢时，具体提到某人在某事上对你的具体帮助，会显得更加真诚。

所有的发言都应当避免夸大其词和虚假的内容，否则容易引起来宾的反感。谦虚和真诚最能打动人心。

在发言过程中，可能会遇到突发情况或被意外打断，此时应保持冷静，灵活应对。例如，突然的提问或技术故障，可以通过幽默或机智的语言化解尴尬。

根据现场反馈和气氛的变化，及时调整发言的内容和节奏，确保能够持续吸引来宾的注意力。例如，发现来宾兴趣下降时，可以适时加入一些互动环节或有趣的故事。

1. 酒桌发言的重要性

想象一下，你参加一个朋友的婚礼，宴会上大家都在等待新郎发言。如果新郎只是简单地说："谢谢大家来参加我的婚礼。"然后坐下，宴会的气氛可能会瞬间冷下来。但是，如果他能够用几句风趣而真诚的话来表达自己的感激之情，整个宴会的气氛就会变得热烈。

2. 酒桌发言的常见误区

反面案例

过于简短："谢谢大家。"（宾客内心：这就完了？）

缺乏感情："今天我结婚，大家吃好喝好。"（宾客内心：好官方，没有感受到新人的喜悦。）

内容不当："我等这天等了很久，终于可以不用当单身狗了。"（宾客内心：这种自嘲有点尴尬。）

| CHAPTER7　酒桌上的发言 |

正面案例

真诚感人:"感谢大家在百忙之中来参加我们的婚礼,我们非常感激。"(宾客内心:很温馨。)

幽默风趣:"我知道今天大家不只是来吃饭的,也是来见证我们的爱情的。所以,请大家尽情享受这美好的时刻。"(宾客内心:新郎真幽默。)

互动性强:"看到这么多亲朋好友,我感到非常幸福。大家今晚一定要玩得开心,有什么祝福的话,欢迎上来说哦。"(宾客内心:气氛很好,我也想去祝福一下。)

3. 如何在酒桌上说好场面话

步骤一:了解场合

根据宴会的性质和氛围,准备合适的发言内容。

步骤二:准备内容

准备一些简短、有趣且适当的场面话。

步骤三:注意语气

注意发言的语气,确保既不过于随意,也不过于正式。

步骤四:适当幽默

适当的幽默话语可以让气氛更加轻松。

步骤五:真诚表达

真诚地表达你的感激和祝福。

步骤六:鼓励互动

鼓励宾客参与,让宴会更加活跃。

4. 实用技巧

技巧一：提前准备

提前准备好发言的大纲或关键词。

技巧二：注意时效性

确保你的话题和当前的宴会内容相关。

技巧三：观察宾客反应

根据宾客的反应调整你的发言。

技巧四：适度夸张

适当的夸张可以增加发言的趣味性，但不要过度。

技巧五：适时结束

注意发言的时长，避免过长。

5. 万能公式与讲话稿

> 打招呼："大家好，非常感谢大家的到来。"
> 表达感激："感谢大家在百忙之中参加宴会。"
> 简短有趣："我知道你们既是来见证我们的爱情，也是来享受美食的。"
> 真诚祝福："希望大家今晚都能玩得开心，留下美好的回忆。"
> 鼓励互动："如果大家有什么祝福的话，欢迎上来说哦。"
> 结束语："再次感谢大家，让我们共同举杯，祝愿……"

CHAPTER7　酒桌上的发言

讲话稿示例

大家好，非常感谢大家的到来。

感谢大家在百忙之中参加我们的婚礼。我们知道，每个人的时间都很宝贵，所以你们的到来对我们来说意义非凡。我知道你们既是来见证我们的爱情，也是来享受美食的。但更重要的是，你们是来分享我们的喜悦，和我们共度这个难忘的时刻的。希望大家今晚都能玩得开心，留下美好的回忆。如果大家有什么祝福的话，欢迎上来说哦，我们非常期待听到你们的声音。再次感谢大家，让我们共同举杯，祝愿我们的友谊长存，祝愿在座的每一位朋友都能幸福快乐。

干杯！

总结　记住，在酒桌或宴会上发言，说好场面话能够让宴会不冷场，活跃气氛。通过了解场合、准备内容、注意语气、适当幽默、真诚表达和鼓励互动，你可以成为宴会的焦点，赢得宾客的喜爱和尊重。

话题投机，才能一拍即合

真正的高手总是能够找到话题的切入点，让对话投机，气氛热烈，宾主尽欢。

首先，了解听众是关键。在你开始发言之前，先了解你的听众是谁，他们的兴趣和关注点是什么。这样你才能选择合适的话题，避免冷场或者出现尴尬的局面。比如，如果对方喜欢足球，那你可以聊聊最近的精彩赛事；如果对方是一个科技迷，你可以谈谈最新的科技趋势。

其次，寻找共同点是拉近距离的有效手段。人与人之间总有共性，找到这些共性并加以利用，可以让交流更加顺畅。比如，你可以问："最近大家都在追什么剧呀？"或者"有没有推荐的书籍或者电影？"通过这些问题，可以找到彼此的兴趣共同点，从而展开更深入的对话。

再次，适度的赞美也是不可或缺的。每个人都喜欢听到别人对自己的赞赏，适度的赞美可以迅速拉近你和对方的距离。比如，你可以说："早就听说您在这个领域很有建树，今天能听到您的分享真是三生有幸。"这种真诚的赞美不仅能让对方感到愉快，也能为接下来的交流奠定良好的基础。

同时，保持谦虚和开放的态度也是非常重要的。在酒桌上发言时，切忌以自我为中心，滔滔不绝地谈论自己的事迹和观点。要学会倾听，给予对方表达的机会，并在合适的时机表达自己的看法。这样既能体现出你对对方的尊重，也能让交流更为融洽。

最后，掌握一些调节气氛的小技巧也是十分必要的。幽默感是活跃气氛的好帮手，如果你能在对话中适时地加入一些幽默元素，会让整个气氛变得更加轻松愉快。

1. 话题投机的重要性

想象一下，你去参加一个公司晚宴，周围的人都在热烈地交谈，而你却不知道如何加入他们，是不是很尴尬？如果你能找到一个大家都感兴趣的话题，那么很快就能和大家打成一片。

2. 酒桌发言的常见误区

反面案例

自说自话："我最近去了一次西藏，那里真的……"（听众内心：没人关心你的旅行。）

过于专业："××项目的最新进展是……"（听众内心：这是酒桌，不是办公室。）

话题过于敏感："你怎么看待最近的××事件？"（听众内心：这种话题太敏感，不适合在这里讨论。）

正面案例

寻找共同点："听说这里的烤鸭很有名，你们有没有吃过？"

> （听众内心：这个话题轻松，我喜欢。）
>
> 适时的幽默："今天的天气真是变幻莫测，就像股市一样。"
>
> （听众内心：这个比喻很有趣。）
>
> 关注当下："今晚的菜品很丰富，你们觉得哪道菜最好吃？"
>
> （听众内心：这个话题很应景。）

3. 如何在酒桌上找到投机话题

步骤一：观察环境

注意酒桌上的装饰、氛围以及宾客的特点。

步骤二：倾听他人

在发言前，先倾听别人的对话，找到共同的兴趣点。

步骤三：注意时效性

选择与当前环境或活动相关的话题。

步骤四：避免敏感话题

避免涉及政治、宗教或其他可能引起争议的话题。

步骤五：适时提问

通过提问来引导对话，让更多人参与进来。

步骤六：展现幽默

适当的幽默可以让气氛更加轻松。

4. 实用技巧

技巧一：适时加入

在对话的自然间隙中加入，不要打断别人。

| CHAPTER7　酒桌上的发言 |

技巧二：简短发言

酒桌上的发言应该简短精练。

技巧三：注意语气和表情

保持友好的语气和开放的表情。

技巧四：适度的恭维

对场合、主人或食物给予适度的恭维。

技巧五：准备一些通用话题

可以谈谈有关食物、天气、当下的活动等话题。

5. 万能公式与讲话稿

> 打招呼："大家好，很高兴今天能和大家一起吃饭。"
>
> 寻找共同点："我看我们都对这道菜很感兴趣，你们觉得怎么样？"
>
> 展现幽默："今天的菜色搭配得真好，就像我们的团队一样。"
>
> 适时提问："你们有没有发现，每次聚会都会有意想不到的惊喜？"
>
> 关注当下："今晚的气氛真是太棒了，你们觉得呢？"
>
> 结束语："希望我们以后还能有更多这样的机会聚在一起。"

讲话稿示例

大家好，很高兴今天能和大家一起吃饭。

我看我们都对这道菜很感兴趣，你们觉得怎么样？我听说这里的厨师是特意从北京请来的。今天的菜色搭配得真好，各种风味都有，就像我们的团队一样。你们有没有发现，每次聚会都会有意想不到的惊喜！比如这次，我们不仅享受了美食，还享受了彼此的陪伴。今晚的气氛真是太棒了，你们觉得呢？希望我们都能记住这个美好的夜晚。希望我们以后还能有更多这样的机会聚在一起，继续我们的友谊和合作。

干杯！

> **总结**
>
> 记住，在酒桌上发言，找到投机的话题是关键。通过观察环境、倾听他人、注意时效性、避免敏感话题、适时提问和展现幽默，你可以让酒桌的气氛更加热烈，让宾主尽欢。

求人办事，场面要做足

在酒桌上求人办事，是一门艺术，也是一种智慧的体现。高手们总是能游刃有余地在这种场合中脱颖而出，不仅维护了自己的尊严，还能让对方心悦诚服地答应自己的请求。那么，如何才能像高手一样在酒桌

CHAPTER7　酒桌上的发言

上发言求人办事，并把场面做足呢？

首先，选择合适的时机和场合至关重要。确定对方处于一个心情轻松且较为空闲的状态，这样他们才有精力和意愿倾听你的请求。同时，选择一个相对私密的环境，以避免不必要的干扰和尴尬。在这样的背景下，你可以更好地表达自己的需求和想法，而不会因为外界的干扰而影响沟通效果。

其次，要特别注意发言时的语气和措辞。要保持礼貌和谦逊，但也不能显得很卑微。你可以通过适度的赞美和感激来引导对方进入话题。比如，可以这样说："一直听闻您在这方面有着丰富的经验和资源，今天能有机会和您交流，真是我的荣幸。"接下来，你需要清晰、简洁地表达自己的请求。不要绕弯子，避免让对方感到困惑或不耐烦。比如，如果你需要对方的专业知识或资源，可以直截了当地说："目前我遇到了一些挑战，非常希望能得到您的指点/帮助。"

此外，通过适当地揭示自身的价值和对方可能获得的好处，可以增加请求的吸引力。比如，可以告诉对方："我相信，凭借您的帮助，我一定能在这个项目中取得更好的成绩，我们双方都将从中受益。"

最后，无论对方的回答是否如你所愿，都要保持礼貌和风度。如果对方同意帮忙，要真诚地表示感谢；如果对方婉拒，也不要表现出不满或失望，毕竟每个人都有自己的难处和局限。你可以说："非常感谢您倾听我的需求，这次不行也没有关系，希望将来还有机会合作。"

1. 酒桌上求人办事话语要委婉

想象一下，在一场商务宴请中，你需要向客户提出一个重要的合作请求。如果你直接说："我们需要你们的帮助。"可能会显得唐突。但是，如果你能够用一种委婉的方式提出请求，成功的概率会大大增加。

2. 酒桌上求人办事的常见误区

反面案例

过于直接："我需要你帮我这个忙，你能帮我吗？"（对方内心：这么直接，我还没准备好。）

缺乏诚意："这个项目对我们很重要，你看着办吧。"（对方内心：我为什么要帮你？）

忽视对方感受："我知道你很忙，但这件事真的很紧急。"（对方内心：你只关心你自己的事。）

正面案例

表达尊重："我非常尊重您的意见，如果方便的话，我们能否进一步讨论这个项目？"（对方内心：这个人很有礼貌。）

展现诚意："我们非常看重这次合作，希望您能给我们一个机会。"（对方内心：他们很认真，值得考虑。）

考虑对方利益："我们相信这次合作对双方都有利，希望能听到您的看法。"（对方内心：他们考虑了我的利益，我愿意听听。）

3. 如何在酒桌上求人办事

步骤一：建立关系

在提出请求之前，先与对方建立良好的关系。

步骤二：表达尊重

在提出请求时，表达对对方的尊重和重视。

步骤三：展现诚意

用诚恳的态度表达你的请求。

步骤四：考虑对方利益

在提出请求时，考虑对方的利益和需求。

步骤五：提供价值

让对方明白，帮助你对他们有什么好处。

步骤六：适时跟进

在提出请求后，适时跟进，表示感谢。

4. 实用技巧

技巧一：使用委婉语言

使用委婉的语言来表达你的请求，避免过于直接。

技巧二：适当的恭维

适当的恭维可以增加你的请求被接受的可能性。

技巧三：展现专业性

展现你对项目的了解和专业性，让对方觉得你值得信赖。

技巧四：注意时机

选择一个合适的时机提出请求，避免在对方忙碌或心情不好时提出。

技巧五：保持灵活

根据对方的反应调整你的策略。

5. 万能公式与讲话稿

> 打招呼："您好，非常感谢今天能和您一起吃饭。"
>
> 建立关系："我一直很敬佩您的专业能力和对行业的洞察。"
>
> 表达尊重："如果方便的话，我想借此机会和您进一步探讨我们的合作。"
>
> 展现诚意："我非常看重这次合作，希望您能给我一个机会。"
>
> 考虑对方利益："我相信这次合作对双方都有利，希望能听到您的看法。"
>
> 提供价值："我愿意提供最优惠的条件和最好的服务，以确保双方的合作愉快。"
>
> 结束语："再次感谢您的时间和考虑，期待您的回复。"

讲话稿示例

您好，非常感谢今天能和您一起吃饭。

我一直很敬佩您的专业能力和对行业的洞察。您在业界的成就令人钦佩。如果方便的话，我想借此机会和您进一步探讨我们的合作。我非常看重这次合作，希望您能给我一个机会。我相信这次合作对双方都有利，希望能

| CHAPTER7　酒桌上的发言 |

听到您的看法。我愿意提供最优惠的条件和最好的服务，以确保双方的合作愉快。再次感谢您，期待您的回复。

干杯！

> **总结**
>
> 记住，在酒桌上求人办事，场面要做足。通过建立关系、表达尊重、展现诚意、考虑对方利益、提供价值和适时跟进，你可以在保持尊严的同时，提高请求被接受的可能性。

注意言谈，不要爆粗口

在酒桌上，言谈举止往往能体现出一个人的修养和品位。高手们知道，即使在轻松的氛围中，也应保持言谈的文明和得体，避免爆粗口。

在许多文化中，酒桌并不仅仅是一个吃饭和喝酒的地方，它更是一个社交的舞台，是人们交流感情、建立联系的重要场所。在这样的场合下，如何表现自己就显得尤为重要了。一个有修养的人，会注重自己的一言一行，即使是在饮酒作乐的时刻，也不会放松对自己的要求。

保持言谈的文明和得体，是高手们在酒桌上的重要准则。他们知道，粗俗的语言不仅会破坏气氛，还可能伤害到他人的感情。因此，即使喝得再多，他们也会克制自己，不让粗话从嘴里冒出来。这种自我控制力，正是他们修养的一种体现。

除此之外，高手们还会注意自己的行为举止。他们会礼貌地与人敬酒，尊重他人的选择，不会强迫别人多喝。在交谈中，他们会寻找共同的话题，避免争论和冲突。他们懂得，酒桌是增进友谊的地方，不是争斗的战场。

这些看似微不足道的细节，实际上却能反映出一个人的内在品质。一个在酒桌上能够保持文明和得体的人，往往也会在生活中展现出同样的修养和品位。这样的人，无论走到哪里，都能赢得他人的尊重和喜爱。

1. 文明言谈的重要性

想象一下，你参加了一个商务宴请，席间有人开始爆粗口，气氛顿时变得尴尬。这样的行为不仅破坏了宴会的和谐，也影响了他人对这个人的看法。

2. 酒桌言谈的常见误区

反面案例

不雅词汇："这酒真难喝，像泔水一样。"（听众内心：这种比喻也太粗俗了。）

攻击性语言："你们这群白痴，连这么简单的问题都解决不了。"（听众内心：太伤人了，怎么能这样说！）

CHAPTER7　酒桌上的发言

正面案例

幽默风趣："这酒有点烈,不过我喜欢挑战。"(听众内心:这人真风趣。)

尊重他人："我注意到你们在解决这个问题上遇到了困难,我能提供一些帮助吗?"(听众内心:这个人很懂得尊重人,也很乐于助人。)

3. 如何在酒桌上不爆粗口

步骤一：自我提醒

可以设定一个个人的小暗号或动作,比如轻轻捏一下手指,作为提醒。

步骤二：控制情绪

酒精可能会影响情绪,所以在饮酒时要注意控制自己的情绪。如果感觉情绪激动,可以暂时离开酒桌,去洗手间或室外冷静一下。

步骤三：使用替代词汇

如果你发现自己想要使用不雅词汇,尝试用更文明的词汇来替代。

步骤四：保持幽默

可以提前准备一些适合酒桌的幽默话题或小笑话。

步骤五：适时道歉

如果不慎说出了不恰当的话,及时道歉可以缓解尴尬。

步骤六：练习礼貌用语

练习使用"请""谢谢""对不起"等礼貌用语,这些用语可以成为你言谈中的自然组成部分。

步骤七：适时结束

如果发现自己或他人开始言辞失控，可以适时提出结束话题或转换话题。

4. 实用技巧

技巧一：倾听他人

在酒桌上，倾听他人的意见和感受是非常重要的。这不仅表现出你对别人的尊重，也能让你更好地理解他人的观点。

技巧二：控制音量

大声喧哗可能会打扰到别人，保持适当的音量是礼貌的表现。

技巧三：尊重他人选择

如果有人不喝酒或对某些食物过敏，应该尊重他们的选择，不要强迫或嘲笑。

技巧四：避免攻击性语言

即使在争论中，也应避免使用攻击性或侮辱性的语言。

5. 万能公式与讲话稿

> 开场白：简短介绍自己，表达感谢。
>
> 主体：分享个人经历或观点，提出建设性意见。
>
> 结尾：表达对未来的期待，再次感谢。

CHAPTER7　酒桌上的发言

讲话稿示例

大家好！

首先，我要感谢公司给予我这个机会，让我能在这里与大家共度这个美好的夜晚。今晚的宴会非常成功，每道菜都精心准备，每杯酒都香醇可口。我相信，这不仅仅是一场宴会，更是我们团队凝聚力的体现。在未来的工作中，我会继续努力，不断提升自己，为公司的发展贡献自己的力量。同时，我也期待与大家携手合作，共同创造更多的辉煌。最后，再次感谢各位的陪伴，让我们共同举杯，为美好的未来干杯！

谢谢大家！

> **总结**
> 记住，在酒桌上，保持文明的言谈举止不仅能够营造一个愉快的氛围，还能提升个人形象，赢得他人的尊重和好感。你的言行代表了你的修养和品位，所以请时刻保持文明和得体。